バックステージの走者

競走馬を運ぶ
プロフェッショナルの使命

白川典人
SHIRAKAWA NORIHITO

幻冬舎 MC

バックステージの走者

競走馬を運ぶプロフェッショナルの使命

はじめに

疾走する18頭のサラブレッド。湧き起こる歓声に包まれて鍛え抜かれた馬体が躍動します。最後の直線に差し掛かり騎手の鞭が入ると、競馬場のボルテージは最高潮に達し、やがてゴールを駆け抜けると同時に歓喜の渦が巻き起こります。

競馬の魅力はレースの行方を巡る興奮だけではありません。たった数分のレースの中で騎手と競走馬が一体となって全力で走るその美しい姿が、多くのファンの心をとらえて離さないのです。

そんな競馬という競技を支えるために、縁の下の力持ちとして重要な役割を果たす存在――それが本書の主役である「馬匹《ばひつ》輸送」です。馬匹輸送は生きた馬、しかも競走馬という特別な価値を持つ馬を運ぶ大きな責任を負っています。

トラック運送には、貨物を運ぶ大型運送や小包を運ぶ宅配などがありますが、馬匹輸送は事業者が数えるほどしかない珍しい仕事です。また、生き物を運ぶ点も特徴で、馬匹輸送に特化したスキルを持つドライバーや専用の輸送車を用います。

私の実家は北海道にある馬匹輸送の会社です。私自身も20代で家業の一員となり、ドライバーとして現場経験を積んできました。さらに経営の知識を学び、経験を重ねたのちに会社を引き継ぎ、現在は3代目社長を務めています。

会社のある北海道は日本の競走馬の98％近くを生産し、そのほとんどは私たちが本社を構える日高地方の牧場出身です。牧場で生まれ育った馬を、本州にある2カ所のトレーニングセンターやその周辺の育成牧場、競馬場に運ぶことが私たちの事業です。トレーニングセンターは、競走馬がレースへ向けてのトレーニングを行う施設で、ドライバーが交代で運転しながら、関東では茨城県の美浦《みほ》にあるトレーニングセンターまで約１２００キロメートル、関西では滋賀県の栗東《りっとう》にあるトレーニングセンターまで約１６００キロメートルの長距離輸送を行います。

馬匹輸送では長距離にわたって競走馬という繊細な生き物を運ぶため、流通業界でも特有の輸送技術が必要不可欠です。

例えば、輸送ルートの最適化による馬の負担軽減を研究するとともに、輸送ルート上の牧場と提携して途中で一度馬を休ませるワンクッション輸送。また、馬の安全とストレス軽減を第一に考えた特別な輸送車の開発。さらにドライバー自身は高度な運転技術に加え、馬のケア知識も習得しなくては仕事が務まりません。

このように、少しのコンディション不良がレースの勝敗を左右する競走馬を安心安全に運ぶうえでさまざまな輸送技術やドライバーのスキルが求められるのです。

本書は、馬匹輸送というあまり知られていない仕事に焦点を当て、高度な輸送技術や専門性に誇りを持って働くドライバーたちの取り組みを紹介するものです。多くの運送業関係者や全国の競馬ファンの人たちに、熱く華やかなレースを支えるプロフェッショナルの矜持を感じてもらえれば幸いです。

目次

第1章

「馬が好き」だけでは務まらない 命を運ぶ馬匹輸送ドライバーたちの重責

第2章
積み降ろし、給餌・給水、室温調整、音や光への配慮……運転だけではない馬匹輸送ドライバーの仕事

第3章
進化を続ける馬運車と輸送技術
馬匹輸送の技術革新が競馬の進化を後押しする

第4章
馬匹輸送がなければ競馬そのものが成り立たない
次代を担うドライバーの育成

第5章

歴史に残る名馬も、名もなき一頭も〝重み〟に違いはない
運送業としてのプライドを貫き、業界を支え続ける

序章

日高発、美浦・栗東へ
大きくて繊細な「命」を乗せて
——旅のはじまり

日高から始まる30時間超の長旅

雄大な日高山脈を背にした牧場の早朝——草地の夜露が朝日に照らされて輝く中、厩舎《きゅうしゃ》のほうからゆったりとした足取りでやって来る数頭の馬の影が見えてきます。光を浴びて揺れるたてがみ、馬体から立ち上る湯気がかすかに揺らめいています。牧場の飼育係に連れられてやって来る馬たちの姿を確認すると、待機していたドライバーがボタンを操作し、馬を専用のトラックに積み込むためのスロープを下ろします。

積み込む馬の多くは、これから競走馬としてデビューを目指す2～3歳のサラブレッドたちです。2～3歳というと小さな子馬を想像する人もいますが、人間の年齢でいえば16歳くらいです。すでに人を背中に乗せられるくらいの立派な体格を持ち、長い脚、小さな頭、そして肉づきが良い胸部や臀部《でんぶ》は若々しさとたくましさを感じさせます。

全身の筋肉も十分に発達しており、もしも人間が蹴られたり噛まれたりすれば大ケガにつながります。それだけにドライバーは緊張感を持って積み込み作業を進めていきます。馬を刺激せず、決して真後ろに立つことがないように注意しながら、馬の表情や動きを観察し、どのような馬なのかを把握します。

一方の馬も、初対面のドライバーと、その横に鎮座する全長12メートルの大型トラック（馬運車《ばうんしゃ》）を見て緊張した様子です。野生の馬ほどではないにしても、牧場で育てられる馬もまた、未知のものに対して強い警戒心を持っています。馬にもそれぞれの個性があり、飼育係に引っ張られるまま素直にトラックに乗る馬もいれば、嫌がったり、牧場に戻ろうとしたりする馬もいます。そのような馬をなだめながら1頭ずつ丁寧に積み込みます。

積み込みを無事に終えたら、いよいよ出発です。牧場をあとにしてしばらくの間は、緑が豊かな日高地域を走ります。馬運車1台には最大6頭まで積むことができ、1カ所の牧場で6頭積むこともあれば、日高地域の複数の牧場を回りながら数頭ずつ積むこともあります。

さらに緑が広がる風景の中にのびる道を通って海へと向かい、4時間ほどかけて函館フェリーターミナルに到着します。そこから青森港行きのフェリーで津軽海峡を渡ります。そして本州に到着したあとは、2人のドライバーが交代でハンドルを握り、片道30時間を超える輸送の旅が始まるのです。

日本一のサラブレッドの生産地

私たちの会社の本社がある日高は日本有数の馬産地で、競走馬となるサラブレッドの産地でもあります。サラブレッドは競走馬用として品種改良された馬種で、競馬の発祥の地である英国がその起源です。もともとは英国の在来種である牝馬《ひんば》（メス）と、アジアから輸入した牡馬《ぼば》（オス）の交配によって生まれ、その後も何世代にもわたって改良を重ねて現在に至ります。日本のサラブレッドの生産頭数は年間で約７５００頭にもなり、そのうちの98％が北海道産、さらにその中の80％が日高産です。

サラブレッドの生産が日高地方に集中している理由は、地理的には日高山脈にかかる丘陵地帯が馬にとって過ごしやすく、気候の面では北海道の中で比較的温暖な地域であるためです。

日高は、北海道の南部にある襟裳岬から北西に広がる地域で、北東部には北海道の屋根や背骨といわれる日高山脈をのぞみ、南西部は海に面しています。山と海を有するため地域内での寒暖差は大きいのですが、沿岸部に近づくほど太平洋の海洋性気候によって気温の変化が穏やかになります。秋の終わりから春先にかけては氷点下となり雪も降りますが、道北の旭川や富良野のように雪深いわけではありません。さらに、降水量が少なく馬のエサとなる牧草がよく育ちます。

また、歴史的に見ても日高地方は、サラブレッドの生産が古くから盛んな地域です。この地域には長い歴史と伝統があり、技術や知識が世代を超えて伝わってきました。そのため地域の人々の間には、馬の育成に対する深い理解と技術が根付いています。

このような地の利を活かして、牧場やサラブレッドの育成は日高昆布と並ぶ地域の主要な産業となりました。北海道の開拓が始まった明治時代には、すでに複数の牧場でサラブレッドの繋養が始まり、現在では、地域内のサラブレッドの育成牧場は600軒を超えます。また、馬の育成施設やサラブレッドのセリの市場など、馬に関わる会社や事業も地域に多く集まっています。

この日高の地で、生まれたサラブレッドを競走馬の訓練施設に輸送する、馬の運搬に特化した専門業者が私たちの会社です。専門用語では、馬匹輸送といいます。

日高地域はサラブレッドの一大生産地。広大な土地を活かした育成牧場がいくつもある

競走馬になるための基礎訓練

私たちが馬を積み込む牧場は、競馬界では育成牧場と呼ばれています。その名のとおり競走馬を育成するための施設で、各牧場で繁殖した馬や、馬主が競売でセリ落とした馬を育てています。

牧場には馬が自由に走り回ったり、草を食べたりできる広大なスペースがありますが、それだけでなく、敷地内には競馬のコースを模した直線や曲線のトラック（馬場といいます）があり、トレーナーとともに人を乗せる訓練をするための屋内のトレーニング場などもあります。馬が休むための厩舎もあります。また数ある牧場の中には科学的根拠に基づきながら、栄養、飼育、調教に関する研究を行い、効果的な育成技術を開発しているところもあります。

こうした育成牧場では競走馬として人を乗せて走るために、まず人に慣れるトレーニングを行います。これを「騎乗馴致《きじょうじゅんち》」といいます。

馴致は「慣れる」「慣らす」という意味の言葉で、馬が人と接して慣れるためのトレーニングです。また、人間と頻繁に接してコミュニケーションをとることで信頼関係の築き方を覚え、人による指示に従うことも覚えます。

競走馬になるためのトレーニングは、人が騎乗するまでの初期調教、基礎体力を養成する基礎トレーニング、競走馬に必要な走法や走力を身につける競走トレーニングの3段階があります。日高の育成牧場では主に初期調教を行い、歩く、走る、止まるといった指示どおりに動く基本動作や、背中に人を乗せた状態で指示どおりに動くトレーニングを行います。

また、馬にとって人を乗せるというのは大きなストレスにもなります。馬にとってはその背中は死角であり、誰が乗っているのかが見えません。2~3歳の馬にとってはその状態に慣れるだけでも大きな成長であり、初期調教では人を乗せ、指示どおりに動くことに慣れるトレーニングを行うのです。

専門的なトレーニングを受ける

初期調教を修了した馬は、次に本州にあるトレーニングセンターに移動し、競走馬としての本格的なトレーニングを受けます。ＪＲＡ（日本中央競馬会）のトレーニングセンターは全国で２カ所あり、１つ目は、茨城県の美浦トレーニング・センター（茨城県稲敷郡美浦村）で、日高からの輸送距離は片道約１２００キロメートルです。輸送時間は20時間以上かかり、朝の７時から９時の間に日高を出発し、翌日の朝５時から６時くらいにトレーニングセンターに到着します。

２つ目は、滋賀県にある栗東トレーニング・センター（滋賀県栗東市）です。輸送距離は片道約１６００キロメートルあり、輸送時間は直行便で30時間を超えます。

これだけの長距離輸送は馬にとって大きな負担となるため、私たちの場合は、いったん福島県にある民間のトレーニングセンターで馬を降ろし、約半日の休憩をとります。その後、再び馬を積み込み、栗東を目指します。これは私たちがワンクッション輸送と呼んでいる方法で、馬の体調不良やケガが少なくなることから、依頼者である牧場や馬主からも高く評価されています。

トレーニングセンターには、馬が寝泊まりする厩舎と競走馬の育成に特化したトレーニング場があります。トレーニング施設は育成牧場よりも充実し、規模も大きいのが特徴です。

美浦のトレーニングセンターでは、約2000頭の馬がトレーニングを行っています。また、トレーニングセンターには、数十人の騎手、100人前後の調教師、そのほかに、調教助手と厩務員が滞在しています。

施設の利用方法は、馬主や牧場が調教師と馬を預ける契約を結び、各トレーニングセンターの厩舎に入厩《にゅうきゅう》させます。調教師は、馬主から預かった馬の管理と調教を担い、最良のコンディションでレースに出走させる役目を持ちます。

入厩する馬は、これから競走馬としてデビューする馬もいますし、すでに競走馬としてデビューし、次のレースに向けてトレーニングをする現役の馬もいます。私たちが日高から運ぶ2~3歳の馬は前者で、トレーニングを受けて競走馬となることを目指しています。

１年間のおおまかなレース体系

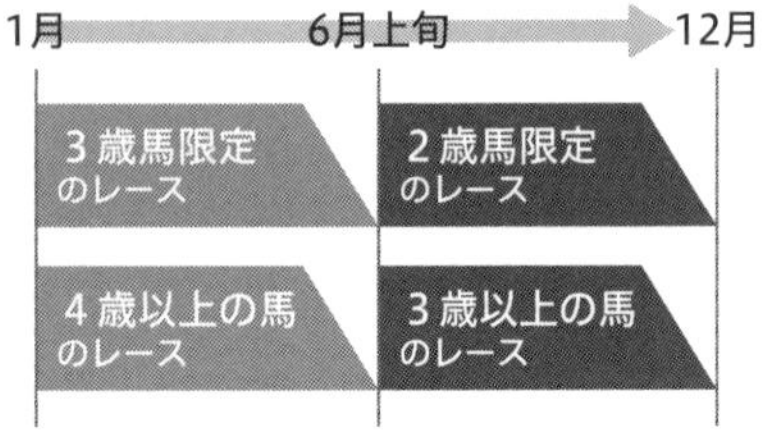

レースのクラス分け

GⅠ・GⅡ・GⅢを重賞といいます。

出典：日本中央競馬会（JRA）「レースのクラス分け」

競走馬としてデビューできる力をつけた馬は、新馬戦（メイクデビューともいいます）で初めてのレースに挑みます。これは、２歳または３歳で初めて出走する馬のみのレースで、このレースで勝った場合は、１つ上の１勝クラスへ、勝てなかった場合は２歳または３歳の未勝利クラスで戦います。

競馬は、基本的には複数あるクラスで勝ち、上のクラスへと昇格していく仕組みです。新馬戦を勝った馬は１勝クラスでの勝利に挑み、その先には、２勝クラス、３勝クラス、オープン特別、リステッド、GⅢ、GⅡ、そして、日本競馬の最高峰であるGⅠがあります。GⅠ

レースは年間24レースあり、このレースに勝って頂点に立てる馬は、国内で育成される全サラブレッドの1％未満といわれます。

馬への希望を乗せて馬運車は走る

サラブレッドは、競走馬となるべくして生まれてくる馬です。しかし、そのすべてが競走馬としてデビューできるわけではありません。トレーニングセンターに入厩する前に、体格や健康面の問題で競走馬となる道が閉ざされるケースもあり、入厩できたとしても、そのうちの一定数は能力や適性などの面で競走馬としてデビューできません。

また、デビュー後も、レースで勝てなかったりケガをしたりして競走馬を引退することもあります。例えば、新馬戦で勝てなかった馬は未勝利クラスで勝ちを目指しますが、3歳のうちに勝たなければなりません。

勝てなかった場合は、1勝クラスの空き枠を探して挑戦する、障害競走馬に転向する、地方自治体が主催する地方競馬に移籍する、登録を抹消して引退するといった4

つの中から1つを選ぶことになります。つまり3歳でその先の人生（馬生）が決まるということです。馬の3歳が人間の年齢でいえば20歳前後であることを考えると、馬はかなり早い段階で生涯の岐路に立っているといえます。

どの馬も、レースで勝ち、GⅠへの道を勝ち進んでいくことが望まれます。その思いは、馬主、調教師、厩舎のスタッフなども同じで、育成牧場の人たちも自分たちが育てた馬が重賞を制する馬になってほしいと願って馬を送り出します。そのような思いを背負って馬を運ぶのが私たちの仕事です。

私たちの会社が馬匹輸送を始めたのは1969年のことです。当初は5台だった馬運車は日高地域の競走馬輸送の需要をつかみ、その後の半世紀で20台以上に増えました。日高で育った馬を関東、関西へと運び、また、全国の競馬場で走った競走馬を故郷の日高へと運ぶ長距離輸送が私たち馬匹輸送の仕事です。

日高から本州に向かう初輸送は、いわば馬たちの輝かしい未来に向けた門出です。その未来を潰すことがないように、輸送中は馬が病気やケガをしないように細心の注意を払い、丁寧な運転をしなければなりません。その責任を感じながら、私たちは馬運車を走らせるのです。

第1章

「馬が好き」だけでは務まらない
命を運ぶ馬匹輸送ドライバーたちの重責

競馬を支える縁の下の力持ち

競馬は競争馬がいなければ成り立ちません。トレーニングセンターで訓練を受け、競走馬となったサラブレッドは、各競馬場で行われるレースのために運ばれていきます。馬匹輸送は、レースの予定に合わせて馬を運ぶことによって競馬の円滑な開催を支え、未来の競走馬を運ぶことによって競馬業界の発展を支えています。

競走馬を輸送するのは馬匹輸送の専門企業だけで、その数は全国でも数えるほどしかありません。その理由は、馬を無事に運ぶ高度な運転技術を持ち、なおかつ調教師などがいない状況でも輸送中の馬を適切に扱える会社が少ないためです。

ドライバー一人ひとりは、運転と馬の扱いの両面で技術と知識を身につけ、業務を通じてそれを継続的に高め続けなければなりません。馬運車とドライバーのスケジュール管理や、新人ドライバーの育成などを担うバックオフィスのスタッフも、依頼どおりに馬を送り届ける専門技術が求められます。

また、馬匹輸送業者が競走馬の輸送ニーズに応えるためには、馬運車の製作やメンテナンスを担う外部の企業や、馬の健康管理について相談できる獣医師との連携体制を構築する必要もあります。これらすべての条件を満たすことで、馬主、牧場、競馬関係者からの信頼を獲得でき、競馬という一大エンターテインメントの主役であり、馬主にとっては資産でもある馬を任せてもらうことができるわけです。

確実に目的地に届ける

馬匹輸送のプロフェッショナルとして、ドライバーは大きな責任を抱えます。また、その責任が大きいため重圧も感じます。

1つ目の重責は、指定どおりの時間に、指定された場所に馬を届けることです。競馬は実に複雑なスケジュールで運営されています。1つのレースだけでも出走馬の組み合わせや賞金の設定があり、それに合わせて各厩舎の調教師や調教スタッフがトレーニング計画を立て、出走馬を移動させます。このような状況で馬の輸送トラブルが起きると、トレーニングセンターでの育成計画が機能しなくなり、場合によっては出走できなくなる可能性もあります。計画どおりに届けられない馬がたった1頭いるだけでも、その連鎖によって大勢の関係者に影響するのです。この責任を果たすためには、輸送中に起き得るさまざまなトラブルを想定し、常に対応策を考えておかなければなりません。特に重要なのは、トラブルが起きたときの対応よりも、トラブルを未然に防ぐための対策です。トラブルの可能性をあらかじめ把握し、リスクをできる限り小さくすることによって、予定どおりに馬を届けられる確度が高まります。

トラブルの例として、渋滞などで輸送時間が遅れる可能性があります。道路事情は平日と週末では異なり、大型連休になれば渋滞発生率が高まります。また、普段は渋滞しない道でも事故によって渋滞が発生することもあります。

そのような可能性を考えて、ドライバーは最も確実性が高いルートを考えます。渋滞が発生したときのことを想定して、一般道などを使う迂回ルートも考えておきます。ただし、このような事前準備をしていても、現場ではさまざまなことが起きます。馬運車は大型バスと同じくらいのサイズがあり、道中では車幅が目いっぱいの狭い道を通ることがあります。細い道で故障車などが立ち往生して通り抜けできなくなったり、工事中で通行止めになったりすることもあります。これらはドライバーの対応力が試される場面で、現場で情報収集したり配車係やほかのドライバーと連絡をとったりしながら臨機応変にルートを変更し、最善の方法で馬を送り届けます。

輸送中のトラブルに対処する

道中でのトラブルとしては、馬運車が故障する可能性もあります。馬匹輸送は長距離が前提であり、移動距離が長くなる分だけ故障のリスクが大きくなります。そのリスクを踏まえて、出発前も輸送中の休憩時にも入念に馬運車の状態を確認します。馬運車は、馬を乗せるための居室（馬房といいます）の様子を映すモニターや、馬房の室温が上がらないようにするためのクーラーなど、一般的なトラックにはない特殊な設備を搭載しているため、機械類の故障が起き得ます。輸送中にクーラーが壊れると、馬房の室温が上がり、それが馬のストレス要因となって体調不良につながります。

そのようなトラブルに対処するため、ドライバーは馬の健康状態を把握する方法を習得しています。また、出発前には、馬の体調やケガなどについて相談できる獣医師との連絡方法や、道中で馬運車を持ち込める修理工場の場所などを確認します。こうした想定されるトラブルに対する事前準備もまたドライバーにとっての必須事項です。いかなる状況でも安全に馬を輸送するための対処を考えなければならないために、その責任の重さと重圧はより大きくなります。故障の度合いによって必要とされる対処法も分かれます。その際の判断もまたドライバーに任されることになります。仮に軽度の故障であれば馬の輸送を優先して目的地に送り届け、合間の時間で修理したり、近くの工場に持ち込んだりして対応します。一方で、走行不能になるような重大な故障が起きたり、事故に巻き込まれたりするなど輸送が困難になるような大きなトラブルが発生した場合は、応援の馬運車を呼び、馬を積み替えなければなりません。

私たちの場合は、計20台以上ある馬運車が、常時、美浦や栗東のトレーニングセンターを往復しています。また、そのうちの何台かはトレーニングセンターの近くで短距離の輸送業務をしていますので、近くにいる馬運車を応援に呼んで対応します。これはめったに起きることではありませんが、トラブル発生時にどこで馬を積み替えられるかをあらかじめ考えておきます。

車の手入れと同じくらい、ドライバー自身の健康管理も重要です。馬匹輸送はドライバーが交代で運転するとはいえ長時間運転ですので、万全の体調で臨まなければなりません。そのため、ドライバーは普段から体調管理を気にかけ、出発前日はお酒を飲まない、道中は食事の量をコントロールして眠気に襲われないようにするといったことを心がけています。

また、積み降ろしの際などに馬が暴れてドライバーがケガをする可能性もあります。これは馬匹輸送ならではのトラブルです。私たちは基本的にドライバー２人が１組となって輸送するため、どちらかがケガをしてもとりあえず馬運車を動かすことはできます。しかし、１人で運転できる時間には制限があるため、交代要員を頼んだりする手配も必要になります。

求められるのはより安全な輸送

このような輸送方法の進歩や道路事情の改善、車両の性能アップにより、以前よりも安全に馬を輸送することができるようになりました。それに従って依頼者である馬主や牧場にとっては、無事に馬が届けられることがいまや当たり前になりつつあります。これは馬匹輸送の大きな変化です。一昔前までは、牧場やトレーニングセンターのスタッフが馬運車に同乗することがあり、そのような機会を通じて馬を扱う難しさが業界内で認識されていました。そのため、到着時間が少し遅れても容認されることが多く、馬の体調に関しても、輸送中に少しくらいケガをしたり、お腹を壊したりしても「生き物だから仕方ない」と考える人が多かったのです。

しかし、業務の細分化と完全分業化が進んだことで、今は馬匹輸送の現場を見たことがない人が増えています。ドライバーの工夫や努力が知られる機会も減り、馬匹輸送の難しさを認識する機会も減ったことで、かすり傷ひとつない状態で定時に目的地に到着することが当たり前ととらえられるようになりました。つまり依頼者が求める輸送の質も、それを実現するドライバーへの技術的な要求も高くなっています。宅配便の配達日時指定と同じように、馬匹輸送も「宅配便感覚」が浸透し、予定した時間に馬が届くことが当たり前と認識されるようになりました。

輸送の質が向上するのは良いことです。さらなる技術の向上を求められることは馬匹輸送業界の発展につながり、ドライバーにとってはモチベーションになります。しかし、その一方では、定時に無傷で馬を届ける馬匹輸送業者の責任が大きくなり、ミスが許されない重圧も大きくなっています。それがまたプロとして実際に現場で輸送にあたるドライバーにとっては、より大きな重圧にもなっています。

生き物を長時間かけて運ぶ

２つ目の重責は、生き物を運ぶことです。これはモノを運ぶドライバーとの大きな違いです。馬は輸送中にエサを食べ、糞尿も出します。不安や不快が原因で暴れたり、ストレスや疲れで体調を崩したりすることもあり、雑に扱ったり交通事故が起きたりすれば命に関わる可能性もゼロではありません。さらに、モノは壊れたときに弁償することが可能ですが、馬はそれができません。その点で馬匹輸送のドライバーにはモノの輸送時とは次元が異なる大きな重圧がかかるのです。

運転面では、馬のケガにつながるような乱暴な運転はできません。馬を目的地に届けるまで、急発進、急ブレーキ、急ハンドルは避けなければならず、私たちは、馬が輸送されていることを忘れて寝てしまうくらいの「柔らかい運転」をドライバーに求めています。そもそも馬は繊細な動物です。特にサラブレッドは乗馬用や農耕用の馬と比べて周囲の変化に敏感で、体はあまり丈夫ではありません。また、2～3歳の馬は、馬運車に乗ることも長旅をすることも初めてであることが多く、牧場とはまったく異なる狭いスペースで長い時間を過ごすことにストレスを感じます。

輸送中の馬のトラブル例では、輸送中に熱を出すことがあります。これを輸送熱（輸送関連性呼吸器病）といいます。人も旅の疲れによって旅先や帰宅後に熱が出ることがありますが、馬も同じくらい環境の変化に敏感で、不慣れな輸送によって発熱することがあるのです。馬の平熱は37度前後ですが、輸送熱が出ると39度以上になります。熱が上がると呼吸器の疾患によって元気がなくなり、食欲も低下します。呼吸の数が増える、鼻水が出る、咳が出るといったカゼのような症状が現れ、悪化すると肺炎（輸送性肺炎）につながることもあります。

輸送熱の原因は、輸送という不慣れな環境におかれたり、閉鎖された空間の中で同じ姿勢で固定されたりすることなどで、これらによってストレスがかかって免疫機能が低下します。例えば、馬運車の走行に伴う振動や、加速と減速による揺れは馬が不安に感じる要因で、心拍数や呼吸数が増え、ストレスホルモンが増します。さらに、馬運車内には、ちり、ほこり、細菌、尿のアンモニアなどがこもるため、そのせいで馬の呼吸器、特に気道の運動が低下します。これが鼻水や咳の原因になります。

長時間輸送のストレスが発症リスクを高める

馬と輸送熱に関する研究では、馬の輸送時間が20時間を超えると輸送熱の発症率が上がることが分かっています。馬匹輸送は、美浦まで20時間以上、関西まで直行すると30時間以上かかるため、すべての馬に輸送熱の発症リスクがあります。ドライバーはそのことを踏まえて馬の健康管理に気を配らなければなりません。

輸送のストレスや体力の消耗によって、輸送中に体重が大きく減る馬もいます。馬の体重は500キログラムほどで、馬によっては1回の輸送で10キログラムや、それ以上痩せることもあります。これは馬のパフォーマンスに影響します。体重との比率で見ると、500キログラムの馬にとっての10キログラム減は体重の2%ほどですが、もともとサラブレッドは筋肉質で余分な肉が少ないアスリート体型であるため、減量によって筋肉量が落ちます。

輸送によるストレスは馬がお腹を壊すことにもつながります。研究によると、サラ

馬を移動させる時間と輸送熱の発症リスクの相関性

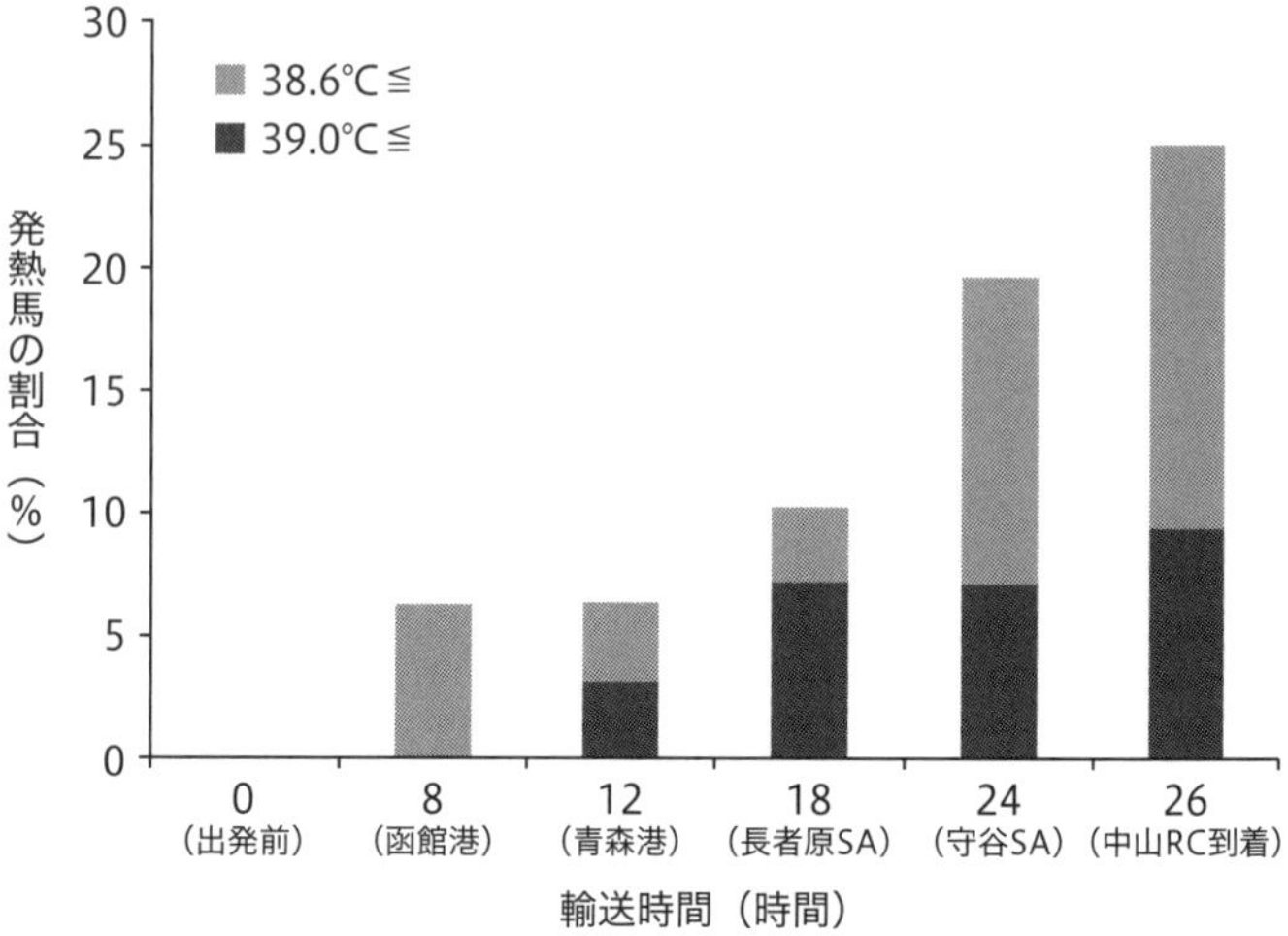

ブレッドの87％は一生に1回以上の胃潰瘍を経験します。大腸潰瘍も含めると97％に及び、サラブレッドにとっての胃腸の疾患は持病のようなものなのです。

胃腸に関しては、お腹を壊すだけでなく、腸がねじれる腸捻転が起きることもあります。馬の腸管は長く、お腹の中で位置が変わりやすいという特徴があります。また、腸の太い部分と細い部分があるため食べたものが溜まりやすく、疝痛《せんつう》を起こしやすい構造をしています。腸捻転も疝痛の一種で、発症した場合には開腹手術しなければならず命に関わります。これも長距離輸送による馬のストレスが原因となるため、ドライバーは運転面でも馬房の環境整備の面でも快適に過ごせるようにしなければなりません。また、腸捻転のような深刻な症状に発展しないように、細かく体調を観察して予兆をとらえることが求められます。

少しの揺れがケガを招く

馬の健康管理では、馬運車が揺れることによって馬が壁などにぶつかり、ケガすることもあります。車が揺れたとき、人は手すりにつかまることができますが、馬はつかまることができません。そのせいで体を馬房の壁にぶつけ、当たりどころが悪ければ脚の骨を傷めることもあります。脚は競走馬にとっての最大の価値ですので、脚のケガや骨折は競走馬としてのキャリアを築けなくなってしまう可能性があります。軽いかすり傷でも完治するまでに時間がかかれば、トレーニングセンターでの育成を遅らせたり、育成計画そのものを見直したりしなければなりません。また、馬は約５００キログラムの体重を細い脚で支えているため、１本でも脚を骨折すると、全体重の負担をほかの３本で支えることになります。そのせいで血行障害が発生し、ほかの脚を痛めることにつながります。そのような可能性も考えて、ドライバーはケガをさせない「柔らかい運転」にこだわる必要があります。

輸送によるストレスへの耐性には個体差があり、初めての輸送でもストレスを感じない強い馬もいます。また、輸送は慣れもあるため、初回は不安によって体調を崩した馬が、回を重ねるごとにトラブルを起こさなくなるケースもあります。

ただし、すべての馬が慣れるわけではなく、何度乗ってもお腹を壊す馬もいますし、胃腸が強い馬でもケガをするリスクは常にあります。

馬は「大きい赤ちゃん」

馬の扱いで難しいのは、会話ができないことです。馬は、分かりやすくいえば「体が大きい赤ちゃん」で、具合が悪い、疲れた、お腹が痛い、脚をぶつけた、といったことを自ら伝えることはありません。そのため、親が赤ちゃんの様子を把握するように、輸送中はドライバーが親代わりとなって不調を察知する必要があります。ここはドライバーの洞察力と判断力が問われるところで、察知するタイミングが早いほど処置も早くでき、大きなトラブルを防ぐことができます。そのために、輸送中は定期的に馬の健康状態を調べ、異常が見られた際には獣医師と電話で連絡を取り合いながら処置します。処置方法としては、休憩させて体力が回復することもあれば、馬の首に点滴を打つこともあります。このような対応が求められる点もモノを運ぶドライバーとは異なります。

「体が大きい赤ちゃん」であるという点では、「馬力」という言葉があるように、馬の力は人間の何倍もあります。つまり体が大きいだけでなく「力が強い赤ちゃん」でもあるわけです。馬は輸送中にストレスを感じ、壁や仕切り板をかじったり、脚で周りのものを蹴ったりすることがあります。それが原因で馬運車の備品が壊れたり、馬がケガしたりすることもあります。特に危険なのが脚です。サラブレッドは時速60～70キロメートルで走る脚力があり、後ろ脚で蹴る力は最低でも500キログラムほどあるといわれます（成人男性は180キログラムくらい）。危険を感じるなどして本気を出すと、その蹴りはもっと強くなるでしょう。これはドライバーにとって危険となる要素です。馬は人の顔や匂いを覚えるため、普段から世話をしている牧場のスタッフには懐きますし、言うこともよく聞きます。しかし、そのような関係性ができていても、ストレスを感じたときにはスタッフを噛んだり蹴ったりすることがあります。ドライバーは初対面であることがほとんどであるため、そもそも関係性ができていません。警戒心が強くなり、噛まれたり蹴られたりする危険性がさらに大きくなります。過去には、私たちのドライバー仲間の一人が後ろ脚で蹴られ、15メートルほど飛ばされたことがありました。後ろに立つ危険性は広く認識されていますが、馬はイライラすると前脚で蹴る（前掻《まえが》きといいます）こともあり、安易に正面に立つのも危険です。

このことからも分かるように、馬は見た目こそかわいらしいのですが、犬や猫とは違います。ドライバーは、積み降ろしの際に馬の後ろに立たない、常に脚の動きに警戒するといったことを徹底し、危険回避を意識しながら馬に接する必要があるのです。

ドライバー募集では、「ダービースタリオン」や「ウマ娘 プリティーダービー」といったゲームがきっかけで馬が好きになり、馬匹輸送に関わりたいと考える人もいます。ニッチな仕事に興味を持ってくれることはうれしいことです。しかし、本物の馬はゲームで見るイメージとは違います。例えば、馬の体高（肩までの高さ）は160〜170センチメートルほどあり、その迫力に驚く人がいます。また、約500キログラムの体重で足を踏まれれば骨折する可能性があり、そのような危険性を知って恐怖感を抱く人もいます。これは新人ドライバーが辞めていく理由の一つです。

高額で期待も大きい

馬をケガさせず、病気させずに届けるという点では、飛び抜けて高価な生き物であることもドライバーの重圧になります。サラブレッドは、定義としては、連続8代にわたってサラブレッドによる交配で生まれた馬のことで、生産には交配から育成などで多くの人が関わり、大きなコストがかかっています。

また、セリで落札する馬主は大きな金額の投資をします。セリは北海道を中心として全国で開催され、価格は馬の年齢と血統によって変わりますが、安くても数百万円、高ければ数億円の値段がつくことがあります。参考までに、2023年に国内で行われたサラブレッド市場を見ると、取引された馬は2818頭で、平均落札価格は1頭あたり約1910万円、最高取引価格は5億7200万円でした。平均値で計算しても、6頭積みの馬運車には1億円超えの価値を積んでいることになります。ドライバーは、それだけの値がつく馬を傷つけることなく運ぶ責任があるのです。

さらに、馬には馬主や牧場のスタッフの努力と期待が乗っています。競走馬デビューを目指す馬には、2~3歳まで育ててきた関係者の愛情があり、「立派な競走馬に成長してほしい」「多くの賞金をつかみ取ってほしい」といった期待が込められています。ドライバーは、これらの値付けできない思いも運んでいるわけです。

重圧にまさるやりがいとは

ドライバーは常にこうした重圧と闘いながら、競走馬の輸送を行っています。これは技術とは別の能力が要求されることになります。例えば運転技術は、その習得のスピードに早い、遅いの個人差があっても、努力と練習の積み重ねで徐々に身につけることができます。一方、重圧に耐える精神力は本人の性格によるところが大きく、慣れるまでに時間がかかる人もいます。新人ドライバーの中には、重圧に耐えられずに辞めてしまう人もいます。辞めるまではいかなくても、ストレスで体調を崩したり眠れなくなったりする人もいます。輸送中は交代でドライバーを務めるため、休む人は自分の運転のときに支障が出ないようにしっかり休まなければなりません。しかし、高価な馬を積んでいると意識すると、馬の様子が気になって眠れなくなるのです。

そのような苦労をする一方で、馬匹輸送では、難しい仕事に取り組む精神的な見返りとして、解放感、社内外の関係者からの評価、そして自分の成長を得ることができます。解放感は、輸送する馬をすべて送り届けたときに得られる心理的なご褒美のようなものです。1頭でも馬が乗っているときと、すべての馬を届け、空車になったときとでは心理的な負担がまったく異なります。輸送した馬が数十時間ぶりに外に出て喜ぶように、ドライバーも同じくらい大きな解放感に浸ることができます。この感覚は私にもよく分かります。今は経営に集中していますが、私自身入社から数年間はドライバーを務めていたため、任務を無事に終えたときの大きな安堵と解放感を幾度となく経験しました。

また外部からの評価もドライバーにとって大きな励みとなります。例えば、依頼者である馬主や牧場から「無事に届けてくれてありがとう」「次もよろしく」などと言われることです。輸送の質とレース結果の良し悪しには一定の因果関係があるという研究結果もあります。輸送でストレスがかかると、ストレスホルモンの増加で免疫機能が低下したり消化器系に影響を及ぼしたりすることがあり、レース時のパフォーマンスに悪影響を及ぼす可能性があります。逆に、輸送の質が高ければ馬が良い成績を出す可能性が高まるとも考えられます。自分が運んだ馬がレースで勝ったとしたら、それは良い輸送ができた結果ともいえると思います。

輸送の質が評価されれば、実力馬や人気の馬の輸送を頼まれるケースが増えます。会社としてもリピーターの獲得はありがたいことですし、ドライバーにとっても自分の仕事が認められたことを意味し、仕事のやりがいや価値を感じるポイントの一つになります。さらにドライバーとしての成長は、専門的な技術や知識を習得し、運転や馬の扱いがうまくなることです。最初は誰でも初心者で、小さなミスをするものです。しかし、真剣に仕事と向き合い続ければ、経験が増えるほどミスは減り、自分のスキルが上がっていることを実感しやすくなります。また、輸送状況はその都度異なり、運ぶ馬も一頭一頭違うため、馬匹輸送の現場ではさまざまなトラブルが起きます。マニュアルでは対応できず、「これ」という正解がないトラブルに対して、ドライバーはその時々の状況に応じた最善の解決策を求められます。

このような難しさがあるからこそ、無事にトラブルに対処できたときには、それがドライバーとしての自信を高めることにつながります。さまざまな重責や重圧にもまさるこうしたやりがいが感じられれば、プロの馬匹輸送ドライバーとして自分の価値を高めていくことができるのだと思います。

第2章

積み降ろし、給餌・給水、室温調整、音や光への配慮……運転だけではない馬匹輸送ドライバーの仕事

馬は臆病で繊細

馬匹輸送のドライバーは、競走馬を無事に目的地に届けることが使命です。そのためには運転のプロフェッショナルとして安全運転を徹底するだけでなく、馬の健康状態にも配慮しながら業務を行う必要があります。ドライバーの業務は、牧場やトレーニングセンターで輸送する馬と対面し、積み込むところからスタートします。積み込みの難易度は、その馬が過去に長距離輸送を経験したことがあるかどうかによって変わります。競争馬は、1歳頃から育成牧場で過ごし、広い牧場を動き回りながら基礎体力をつけます。この時期は車に乗る機会がほとんどないため、馬運車に乗ることにも警戒します。

また、この時期は牧場のスタッフ以外と接する機会も少ないため、初対面のドライバーにも警戒します。馬が警戒するということは、積み込み時や輸送中に暴れたり、ドライバーが蹴られたり噛まれたりする可能性が高くなるということです。日高から関東や関西のトレーニングセンターに運ぶ2~3歳の馬はほとんどがこのタイプで、馬運車に乗ったことも見たこともなく、長距離輸送も初めてです。少し大きくなると、牧場で人を乗せるトレーニングが始まるため、牧場のスタッフ以外の人にも慣れるようになります。また、最近は牧場内での移動のために車に乗せるケースもあり、その経験があると馬運車に乗せられることへの抵抗感も小さくなるのです。

ただし、車に乗ったことはあっても長距離輸送は初めてであるため、長旅のストレス、疲れ、緊張によって体調を崩したり、不安を感じて暴れたりする可能性があることを念頭においておかなければなりません。トレーニングセンターへの輸送経験がある馬は馬運車やドライバーへの警戒心が小さくなるため、積み込みの難易度は下がります。しかし、馬それぞれに性格に違いがあるため、輸送経験があっても馬運車を嫌がる馬もいますし、ドライバーを警戒する馬もいます。それぞれの性格の違いやそのときの気分によるところも大きく、気性が荒い馬は慣れていても暴れますし、何度も移動をこなしている現役の競争馬でも、ストレスを感じていたりイライラしていたりすると思うように言うことを聞いてくれません。

競馬場では、落ち着きなくパドックを歩く馬や、出発前のゲートで暴れる馬を見たことがあると思います。馬は基本的には穏やかな動物ですが、臆病な一面もあり、怖がったり驚いたりすると暴れることがあります。そのため、ドライバーは馬と対面したときの動作や表情などを観察し、緊張や不安の度合いを把握することが求められます。

仕草と表情で心理状態を把握

馬の心理状態は仕草や表情で把握できます。例えば、耳を後ろに倒しているときは警戒しているサインで、首を上下に振っているときは何か不安を感じていたりする状態です。このようなときは馬運車への積み込みが難しくなります。

反対に、耳を前にまっすぐ立てているときは目の前の人に興味を持っていますので、積み込みもラクに行える可能性が高いといえます。このような基礎知識を踏まえて、ドライバーはこれから輸送する馬一頭一頭の状態を把握します。積み込みでは、馬を引っ張る、押すといった作業があり、馬に触れる必要があります。馬は、基本的にはお腹やお尻をいきなり触られると嫌がります。また、現役の競走馬の中にはどこを触られても嫌がる馬もいます。これは馬が暴れる原因になるため、まずは十分な距離をとり、馬に安心感を与えることが大事です。馬は大きな動きで驚いてしまうため、近づく際には急な動きをせず、大きな音を立てないようにします。近づく際には、声をかけることも大事です。ドライバーが「自分はここにいます」「今から近づきます」と馬にアピールすると警戒されにくくなります。

初対面の場合は、まずゆっくりと近づき、鼻の辺りを撫でるなどして自分の匂いを嗅がせます。自分の匂いを覚えてもらうことで馬に安心感を与えることができます。鼻を触って嫌がらなければ、口の周りや頭などへと触る範囲を広げていきます。警戒心が下がれば、首を撫でると喜びます。触ってコミュニケーションを取る際には、馬の目線よりも高い位置に手を上げないようにすることも大事です。馬にとっては、両手を高く上げる仕草は自分の体を大きく見せる威嚇の動作で、驚かせてしまうからです。馬を驚かせないようにするために、急に視界に入らないことも大事です。馬は草食動物で顔の横に目があるため、その視野は３５０度に及ぶといわれます。しかし、真後ろは死角です。人と同じで、死角から急に人が現れると馬は驚き、気性が悪い馬の場合は暴れたり、その勢いで蹴られたりしてしまいます。

そもそも草食動物は肉食動物から逃げる本能があり、自分の命を守るために視界に入るものには敏感に反応します。危険だと感じると馬が暴れる原因になります。言い換えると、相手の姿が見えていれば安心できるため、その特性を考慮して、なるべく視界に入る前や横からゆっくり近づきます。

また、真後ろは死角になって蹴られる危険性があるので避けなければなりませんが、真正面も前掻きの脚が飛んでくる可能性があり、特に耳が寝ている状態のときは馬の前に立たないようにすることが大事です。

積み込みの順番を熟慮

積み込みでは馬を乗せる場所を決めます。馬房は6頭積みが基本で、前（運転席側）から順に3部屋あり、2列構成になっています。縦の列はタタミと呼ばれる馬の積み込みスペースを分ける仕切り板で分けられています。タタミは、かつて仕切り板として本物の畳を使っていたことに由来します。積み込み時は前から順番に馬を乗せていき、それぞれの馬の後ろに尻板という木製の板を立て、1頭ずつの部屋をつくります。

馬の並べ方では、相性が良い馬を隣同士にするのが基本です。馬は集団行動する動

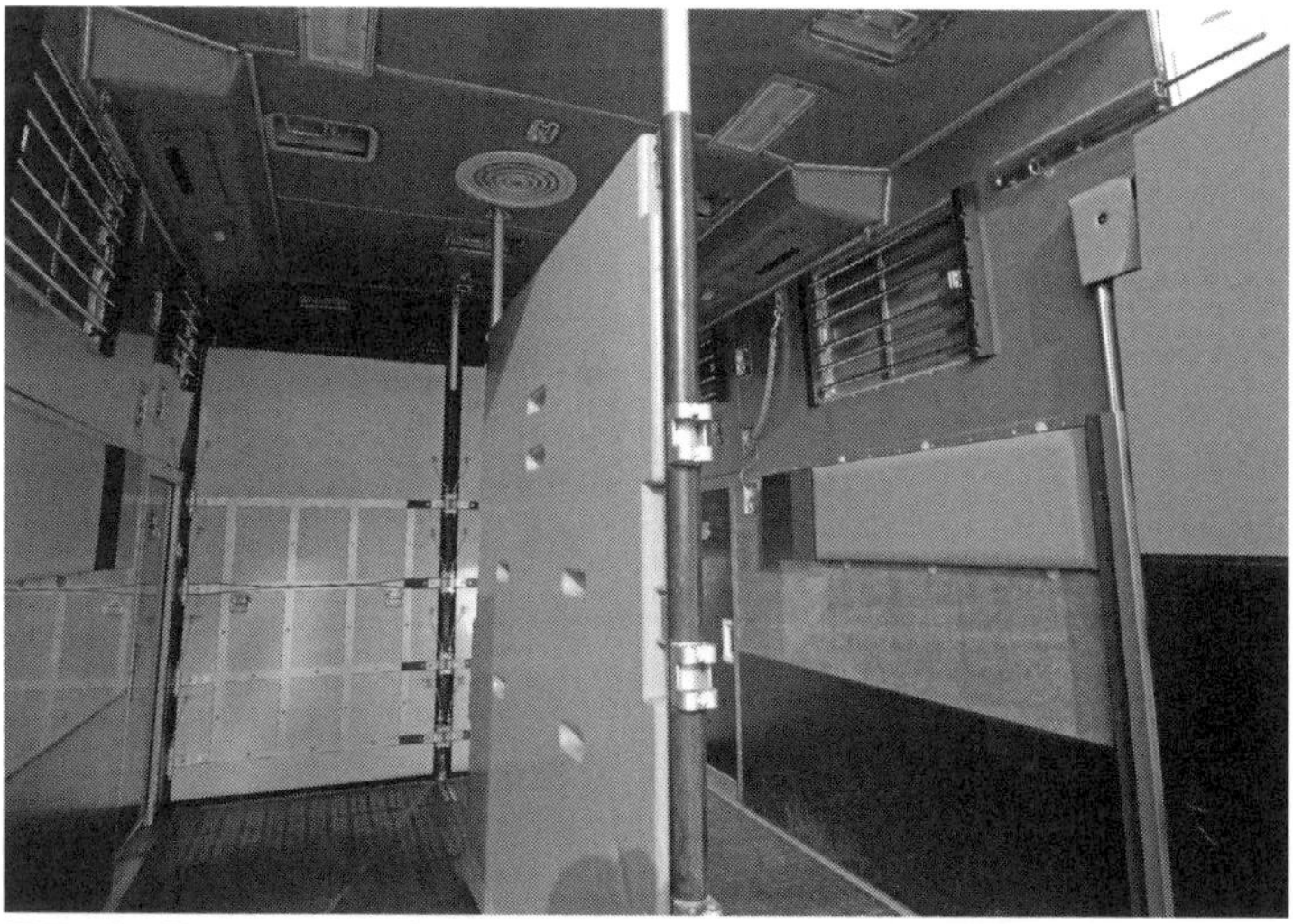

馬房の中の様子。馬は3頭ずつ縦に積み、その間はタタミと呼ばれる仕切りを立てている

物ですので、顔見知りの馬が隣にいると安心し、トラブルが減りやすくなるからです。複数の牧場から数頭ずつ積み込む場合も、なるべく同じ牧場で育った馬を横に並べます。初めて乗せる馬は相性の良し悪しが分からないため、牧場の人に聞きます。この馬はこの辺を触ると嫌がる、こういう癖があるといった注意事項もその際に聞いて覚えます。

馬は賢い動物で、人の顔を覚えることができます。日常的に世話をしてくれている牧場のスタッフの指示は聞きますが、初対面のドライバーの言うことは聞かないことがほとんどです。そのため、牧場での積み込みは基本的には牧場のスタッフに任せます。そのときには、積み込み作業は任せながらも、馬の歩き方、仕草、表情を観察しながら、言うことを聞く馬と聞かない馬を把握します。

積み込みに関するトラブルとして、6頭積み込んでから馬同士がケンカを始めることもあります。馬はそれぞれ壁にロープでつなぎ、タタミや尻板で仕切ってあるため噛んだり蹴ったりするケンカは起きませんが、牧場での序列でリーダー格だった馬がほかの馬をいじめ、ストレスを感じた馬が暴れ始めることがあります。また、ケンカではありませんが、仲が良い馬同士がちょっかいを出し合ったり、遊び始めたりすることもあります。ケンカしている馬がお互いを意識しているようであれば、2頭の間にカーテンをかけて様子を見ます。それでもケンカやいじめが収まりそうになければ、いったん馬房から馬を降ろして、配置を変えて積み直します。

輸送の道中では馬の積み降ろし入れ替えができないため、馬の相性は積み込むときに見抜かなければなりません。牧場のスタッフから細かな情報を聞くこと、仕草や表情を見て馬の心理状態を把握することなどにより、出発前にトラブルの種をできる限りなくしておくことが大事です。積み込み順では、メスとオスを混載する場合に必ずオスを前に乗せることも重要です。メスが前にいると、走行中の空気の流れでメスの匂いがオスに行くため、興奮してしまうことがあるからです。これは業界では「馬っ気」といいます。２～３歳の若い馬でも色気づくため、この順番は必須です。馬を積み込んだら、最後に乗せた馬のお尻のところにも尻板を立てて、馬運車の後ろのゲートを閉じます。このタイミングで、馬の管理責任は牧場のスタッフからドライバーにバトンタッチされます。

運転技術や車の扱い方は機械が相手なのでマニュアル化できますが、馬は生き物で個体差もあるため、「こうすれば落ち着く」「こうすれば好かれる」といったマニュアル化が難しいといえます。そのため、近づき方や接し方は場数とＯＪＴ（On the Job Training・現場実習）を通じて学んでいくしかありません。馬の心理や緊張の度合いなどの見抜き方は、ベテランのドライバーでも人によって意見や判断が分かれることがあるため、言語化しにくい感覚知を経験の積み重ねによって習得していくことが重要です。

懐かれる人は声がけが多い

馬と良い関係性を築けるかどうかはドライバー個人の素質によります。人間との付き合いでも誰とでも仲良くなれる人とそうではない人がいるように、性格や人柄によって、初対面の馬とすぐに仲良くなれるドライバーがいれば、職歴が長くてもまったく馬に懐かれないドライバーもいます。馬に懐かれやすいドライバーは、接し方の面では、馬に声をかける機会や回数が多いという共通点があります。例えば、輸送時は休憩時間などに必ず馬に近寄って話しかけ、首や背中をポンポンと叩きます。エサや水をやる際にも、「エサやるからね」「水飲んでるか?」などと声をかけながら、一つひとつの行動を馬の目を見ながら説明します。それらの声がけがどこまで馬に通じているかは分かりません。ただ、言葉の意味が理解されていなかったとしても、ドライバーの声を聴かせることが馬の安心感につながり、良い関係性を築くことにつながっています。

また、話しかけ方として、馬に対して上から押さえつけるような物言いはせず、かといって過度にへりくだることもなく、馬と対等の立場で接している人も多いといえます。仕事上の立場としては、人が馬を運び、道中の世話をしているため、人のほうが上かもしれません。しかし、馬の立場から見れば、人の都合で狭い馬運車に積み込まれ、遠くまで移動させられているともいえます。馬に懐かれる人はそのような視点を持って、馬を気遣って接します。ドライバーの中には、馬が好きな人と苦手に感じている人がいますが、その点で比べても、馬好きの人のほうが馬の気持ちを理解しやすく、良い関係をつくりやすいといえます。

一方で、馬を怖がりすぎたり、好き勝手にさせすぎたりするのも良くありません。馬は動物的な感覚で序列を意識するため、この人は自分より下だと思われると言うことを聞かなくなります。気性が荒い馬になめられ、かじられたり蹴られたりして危険が及ぶこともあります。人が馬を観察し、扱い方を考えるように、その一方では馬も人を値踏みしているのです。

輸送業でいえば、人を運ぶバスやタクシーのドライバーの感覚と近いかもしれません。優秀なドライバーは、乗客に快適に過ごしてもらおうと意識しています。乗客を遠ざけることなく、かといって近寄りすぎることもなく、適度な距離感で良い関係性を構築します。このようなドライバーはトラブルも起きにくくなります。これは馬や人といった生き物を乗せる輸送の特徴であり、モノを運ぶドライバーとの大きな違いです。

温度と空調の管理で快適な環境を保つ

出発から到着までは馬房を快適に保つ必要があります。そのために重要なのは、温度管理と空調管理です。温度管理では、馬房の室温が暑くならないようにすることと、急激な温度差が生じないようにすることが重要です。温度管理は、馬房の温度計を見ながら調節します。ただし、馬房は広く、運転席側と後ろのゲート側では温度が変わります。そのため、一頭一頭の体調を確認しながら調節しなければなりません。

また、北海道、東北、関東、関西へと日本を縦断する輸送は、それぞれの地域で気温や気候が異なります。特に春先と秋から冬にかけては気温が大きく変わるため、輸送中の温度を一定に保つのはほとんど不可能です。窓を閉めていれば自家用車のエアコンのように室温を維持できますが、馬運車は新鮮な空気を取り入れるために窓を開けて走るため、どうしても外気の影響を受けるのです。

そこで重要なのは馬房の室温の変化をできるだけ穏やかにすることです。例えば、日高から出発する朝の気温が10度だったとしても、美浦に着く頃には日が出て20度以上になることがあり、この変化が急激であるほど馬は体調を崩しやすくなります。そのため、馬房の窓の開け閉めやクーラーを調節して室温の変化を穏やかにします。その日の最高気温は何度か、山間部はどれくらい冷えるか、曇りのときはどうか、何時にどこを走っているかといったことを考えながら、クーラーを調節します。サービスエリアやパーキングエリア（以下、ＳＡ・ＰＡ）で休憩するときや走行中は、窓から手を出してみて、外気温の変化を確認します。

空調管理は主に窓と換気扇で行います。馬房には、各馬が入る6つのスペースの壁に小さい窓が2つずつ、計12個ついています。一つは馬の顔の真横あたり、もう一つは背中の横あたりにあります。顔の横の窓は基本的には開放しません。理由は、馬の顔に直接風が当たると発熱の原因になるからで、暑いときは少しだけ開けます。

一方、背中の横にある窓は馬房に新鮮な空気を取り入れるために常に開けっぱなしです。この窓は温度管理でも重要で、馬房を冷やしたいときには大きく開け、冷えているときは少し閉めて室温を調節します。

換気扇は馬房の空気の入れ替えを促進するものです。輸送中は馬房に馬の糞尿が溜まり、エサとして与える草のカスが散らかります。それらが乾いたときに粉塵になって巻き上がるため、空気が澱まないようにする役目もあります。また、馬房の屋根にも小窓があり、これも換気に使います。雨のときは水が入るので閉めますが、馬房の室温が高いときには全開にして温度を下げます。

暑さと寒さを両方対策

温度管理と空調管理は馬房を快適にするために不可欠なものです。ただ、これらを徹底しても馬はストレスや疲労によって体温が上がりやすくなります。そのため、ドライバーは室温だけでなく馬の体温も定期的に測ります。測り方は、体を触って温かいかどうかを確認します。また、口の中には皮が薄く熱を測りやすい場所があるため、手を入れて触り体温を確認します。

馬の平均体温は37度から38度ほどで、大人の人間より高いくらいです。そのため、子どもの熱を測るときのように触って熱の有無を測ることができます。また、熱がある馬は元気や食欲が低下するため、そのような行動の変化も併せて確認します。

馬運車には体温計も載せてあります。馬の体温計はお尻にさして測るもので、取り出せなくならないように紐でクリップとつながっています。体温を正確に測るという点では触って測るよりも体温計を使うほうが良いのですが、輸送中は揺れるため体温計による測定が困難です。また、具合が悪いときにお尻から近づくと馬が警戒して蹴られる危険もあります。そのような理由から、明らかに熱があり、獣医師に連絡する必要があるときなどを除いて、基本的には手で触って確認します。

馬は暑がりですので、馬運車にはクーラーはありますが暖房は装備していません。馬が震えて寒がっているときは、クーラーを止めたり、馬房の窓を少し閉めたりして（空気を入れ替えるので完全に閉めることはできません）室温が逃げないようにします。走行中の空気の入れ替えを抑えるだけでも馬房は馬の体温で暖かくなります。真冬の寒い日や馬房内の頭数が少なく室温が上がらないときなどは、馬に馬服を着せます。馬服は馬用につくった防寒着のことで、馬着や馬衣《うまぎぬ》と呼ぶこともあります。

私たちが使っている馬服は素材もデザインも私たちのオリジナルです。牧場では、冬場に馬が外に出るときなどに馬服を着せることがありますが、それらは外着で、輸送時の防寒具としては厚すぎます。そのため、馬匹輸送時にちょうど良い馬服をオリジナルでつくることにしました。

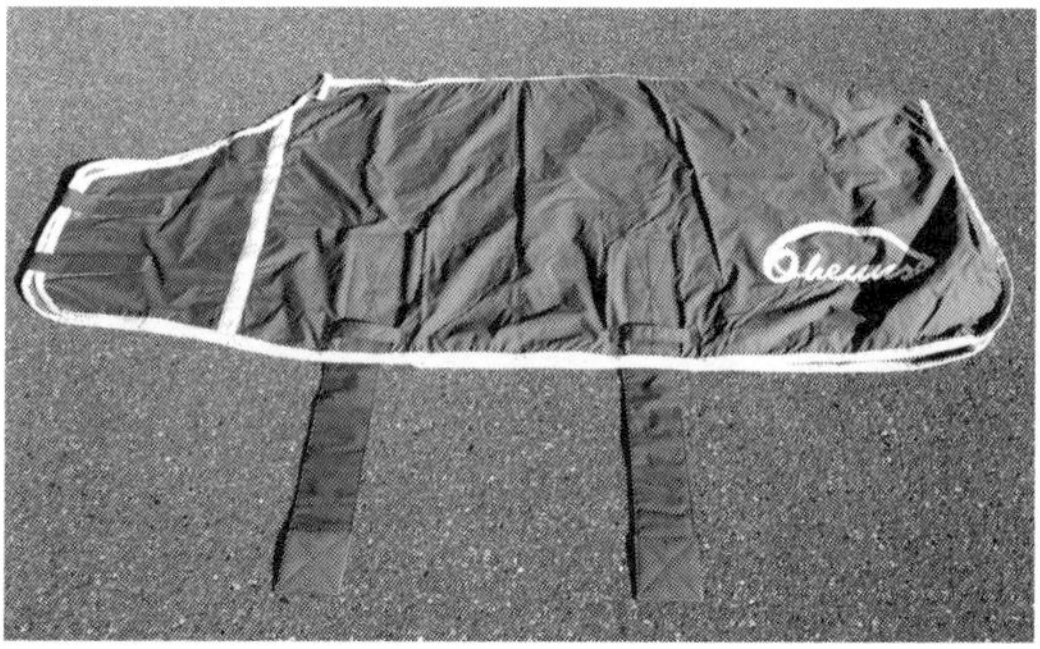
オリジナルデザインの馬服

高速道路は出入口のカーブが鬼門

運転では、揺れ、音、光に注意が必要です。

揺れは、舗装状態が良い高速道路や国道などを安定した速度で走ることによって減らすことができます。また、一般道は、信号や踏切などによる減速、停車、発進、加速が揺れの原因となるため、馬匹輸送ではできる限り高速道路を使います。高速道路は車線の幅が広く速度が安定しやすいため、ドライバーとしては走りやすい道です。目的地に早く到着でき、馬にとっては輸送時間が短くなりストレスや疲労を抑えることができます。速度が上がることでエンジン音と振動は大きくなりますが、一般道と比べると減速や加速による揺れが少なく、馬にストレスがかかりにくくなります。

高速道路は基本的には左車線（走行車線）を走ります。車両総重量８トン以上、最大積載量５トン以上の大型自動車は高速道路の最高速度が時速90キロメートルと決まっているため、その範囲内で安全運転で目的地を目指します。安定した速度で走れるのが高速道路の良いところですが、ドライバーにとっては運転が単調になりやすいため、慣れで気を抜きやすいというデメリットがあります。いつも走っているところは油断しやすく、ブレーキやハンドルの反応が遅れることがあるのです。

高速道路はまっすぐな道が多く走りやすいのですが、一つ鬼門があります。それは、入り口と出口です。ここは急カーブのところが多く、遠心力が働いて馬が転びやすくなるのです。そもそも馬運車は大型トラックがベースであるため急なカーブの取り回しが難しいという弱点があります。そのため、後続車には申し訳ないと思いながら、極限までスピードを落とします。高速道路では、ドライバーの交代と休憩のために何度かＳＡ・ＰＡに立ち寄ります。ここでの注意点は、馬を乗せていることが周りの人に分かり、馬運車に近寄ってきてしまう人がいることです。馬運車や馬に興味を持ってもらうのはうれしいことです。会社としても、社名を知ってもらうことは認知度向上につながり、特にSA・PAはトラックドライバーも多いため、馬匹輸送のドライバーに興味を持ってもらうきっかけにもなります。

しかし、そのようなブランディング効果はありつつも、見知らぬ人が近づくと馬は驚き、ストレスが溜まります。業務としてはそれを防ぐことのほうが重要で、SA・PAでは2人のドライバーのうち1人は必ず馬運車に残り、番をします。ほとんどの人は馬運車から少し離れたところで馬の顔が見えるかどうかうかがったり、写真を撮ったりするだけです。しかし、馬運車に近づいて馬房をのぞき込んだり、馬を触ろうとしたりする人も一定数います。そういう行為を阻止するのもドライバーの役目です。走行中も、馬運車の後ろに「競走馬輸送中」というプレートを掲げているため、ほかの車の興味を引いてしまうことがあります。これも好ましくありません。「馬が見えるかもしれない」「一目見てみたい」と思うドライバーが馬運車と並走し、そのせいで注意散漫になって事故リスクが高まるからです。

一般道は難易度が高い

牧場やトレーニングセンターの近辺は一般道を走ります。揺れを抑えるという点では、高速道路よりも一般道のほうが高度な技術が求められます。例えば、一般道は歩行者や自転車が飛び出してきたり、突然の割り込みがあったりして、急ブレーキによる大きな揺れが起きやすくなります。右折左折もあり、これも横揺れの原因になります。また、牧場が多い地域は都市部と比べて道の管理が悪くなるため、道路のでこぼこが多く揺れやすくなります。さらに、一般道は高速道路と違って信号や踏切があるため、走行速度の変化による揺れも起きやすくなります。

このような揺れをできるだけ抑えるため、ドライバーは、例えば、歩行者信号が点滅になったら赤信号を予測してスピードを落とすなどして急激な速度変化を抑えます。追い越したがっている車などは先に行かせるなどして、急停車や急ハンドルの原因となることはできる限り排除します。

枝がこすれる音にも反応する

音は、高速道路と一般道を問わず馬が驚く要因です。例えば、積み込みの際は、尻板を置いたりゲートを閉めたりするときの音に驚き、馬運車から出ようとすることがあります。走行中も、特に初めて長距離輸送する馬は、対向車の走る音や風の音に敏感に反応します。これは馬の耳の動きを見るとよく分かります。輸送に慣れていない馬は、走行中のあらゆる音に反応して耳を動かしています。できる限り多くの音を聞き、情報を得ることによって、馬は不安を解消しようとしているのです。馬房の環境に慣れてくると、そのような行動は減っていきます。また、完全に静かな状態よりも少し音があるほうが馬はリラックスします。しかし、急に大きな音がすると馬は驚きます。例えば、エンジンを吹かす音に反応しますし、ドライバーにとっては不可抗力ですが、周囲の車のクラクションで驚くこともあります。

牧場の近くでは、木の枝が馬運車の車体にこすれる音なども驚く原因になります。そのため、ドライバーは可能な限り木の枝に車体が接触しないように注意します。音に敏感な馬は、刺激を和らげるようにするためにメンコを被せて対応します。メンコは耳を覆うためにつくられた豚革製のマスクで、外部の音をある程度まで遮断できます。ちなみに私たちはオリジナルのメンコをつくっています。

馬匹輸送の理想は、輸送中の馬が寝てしまうくらいの環境で運ぶことです。眠って

オリジナルメンコ

しまえばストレスは感じにくく、体調への悪影響も抑えられます。ただ、馬は草食動物であることもあって眠りが浅いのが特徴です。人に例えると、電車の中でウトウトするくらいの眠りが馬の睡眠で、人のような熟睡はせず、ちょっとした物音で目を覚まします。その点でも、ドライバーは余計な物音を立てない静かな運転をすることが求められます。

光への反応をモニターで確認

トンネルの出入りは馬のストレスになります。夜明けとともに徐々に明るくなったり、夕方から徐々に暗くなったりすることには馬は驚きません。しかし、トンネルで急に暗くなったり、トンネルを出て急に明るくなったりすると馬はその急激な変化に驚きます。また、トンネル内は電灯の光でチカチカするため、それも馬のストレス要因になります。

それを防ぐため、私たちは馬運車の窓をスモークガラスにして光を遮断しています。また、トンネルに入ったときに馬房が真っ暗にならないように常に電気をつけっぱなしにしています。光の変化への反応は個体差があります。そのため、私たちの場合は、運転席にあるモニターの映像でトンネルを出入りしたときの馬それぞれの反応を確認しています。初輸送の馬を乗せて日高から本州を目指す場合は、函館のフェリー乗り場までの間にいくつかのトンネルがあるため、そこを通過しながらどのような反応をしているかを確認します。問題なさそうであれば走行を続けます。驚いたり、不安に感じたりしているときは窓を少し閉じて対策します。

また、トンネル内は音の響き方が変わり、走行音やエンジン音が大きくなります。これも馬が不安に感じます。馬房の窓は空気の入れ替えのために開けなければならないため、積み込みの際の牧場スタッフからの情報で音や光に敏感であることが分かっていたり、仕草などからドライバーが危険を感じたりしたら、トンネルで様子を見る前に出発時からメンコを付けることもあります。走行中は運転席のモニターで馬房の様子を監視していますが、細かなところまでは把握できません。そのため、SA・PAでの休憩時には実際に馬を見て、必要に応じて体温を測るなどして体調を把握します。また、走行中に馬が馬房の壁を蹴ったり転んだりすると、運転していてもその振動で異変があったことが分かります。馬は体重が重いため、大きな動きをしたときの振動がハンドルにしっかり伝わってくるのです。

このような異変があったときは、SAやPAで馬がどこを蹴っていたかを確認し、転んだのであればケガがないか確認します。馬は力が強いため、蹴る力によって尻板などにヒビが入っていないかどうかも確認します。私たちの事例では、馬が走行中にタタミを蹴って外したり、尻板を蹴って壊したりしたことがありました。今はカメラで監視できますが、カメラがなかった頃は馬房の状況が分からないため、2時間に1度のペースで止まり、馬の状態を確認していました。

輸送途中での積み直しはリスクが大きい

馬運車が故障し、応援車両に馬を引き継がなければならなくなったときもSA・PA

を使います。引き継ぎの方法としては、まず電車の連結のような形で2台の馬運車のゲート同士を合わせます。絶対に馬が外に出られないようにして、新しい馬運車に順番に馬を移動させます。

これはリスクもあります。私たちは経験がありませんが、他社では馬の移動に失敗して高速道路で馬が逃げ出した（放馬といいます）ケースもありました。馬は意思があり脚もあるため、一度でも地上に降ろしたらどこに行くか分かりません。他人を巻き込んでケガをさせる可能性もあります。そのリスクを考えると、馬運車が動かなくなるような故障リスクは限りなくゼロにしなければなりません。そのための対策として車の定期的なメンテナンスと出発前の入念な整備は非常に重要です。

馬運車が走れなくなる故障例としてはパンクもあります。この場合は近くのインターチェンジで高速道路を下りて、タイヤ交換するしかありません。これは到着時間が延びるとともに、馬の負担になります。タイヤ交換の作業で揺れや音が発生し、それがストレス要因になるからです。

ただ、私たちの経験上、パンクはほぼ起きません。対策として、まずパンクしにくい良質なタイヤを使用しています。また、馬6頭の総重量が3トンほどであるのに対し、馬運車の最大積載量は10トンですので、何か尖ったものなどを踏んだ場合は別ですが、過積載でパンクする可能性はほとんどないのです。これも事前準備として重要です。パンクからの復旧する手間、時間、コストを考えると、あらかじめ強いタイヤを使うことはコストはかかりますが意味のある投資といえます。

食いつきを見てのど詰まりを防止

輸送中は、何度かに分けて馬の給餌と給水を行います。日高から出発する場合は、最初の給餌・給水は函館からフェリーに乗ったときです。朝方に日高を出発すると、昼過ぎにフェリーに乗り、そこから青森港まで4時間かかります。この間にドライバーは休憩をとり、馬は食事をします。食事ではのど詰まり（食道閉塞）に注意します。これは食道がエサによってふさがってしまう状態で、悪化すると誤嚥性肺炎を起こして命に関わることがあります。のど詰まりは、大量のエサを一気に飲み込んだり、十分に噛まずに食べたりしたときに起きやすくなります。フェリーでの給餌を例にすると、日高を出発してからこのときまで馬は何も食べていないため、慌てて食べることによってのど詰まりが起きるリスクが高くなります。また、早食いの馬も十分に噛まずに飲み込むため、のど詰まりのリスクが高くなります。

対策はいくつかの方法があります。1つ目は、エサを与える前に水を飲ませることです。のどが渇いていると食道が乾燥し、エサを流し込む唾液も出にくくなります。水を飲ませることでその状態が改善し、のど詰まりが起きにくくなります。2つ目は、エサと水を混ぜてふやかすことです。水を含ませることで乾燥したエサよりものどの通りが良くなります。3つ目は、給餌の回数を増やすことです。給餌の間隔を短くして食事するときの空腹の度合いが緩和すると、がっつくことがなくなり、のど詰まりが起きにくくなります。

そもそも馬は、人間のように1日3食といった規則正しい食事をするわけではなく、牧場を歩いたり走ったりしながら、気が向いたときにエサ（草）を食べます。つまり起きている間は常に食事ができ、適当なときに少しずつ食べる習性があるのです。

ただ、輸送中はそのような環境にはできません。そのため、数時間ぶりのエサにがっつかないように、最初は少しだけエサを与えます。量を抑えつつ、食べ終えたら足し、また食べ終えたら足すことで一気に飲み込むのを防ぐことができます。

その際には、よく噛んで食べているかを確認するとともに、食いつきの良し悪しも確認します。馬は体調が悪くなると食欲が低下します。エサにがっつくのも危険ですが、食べない場合も体調不良のサインととらえ、熱がないか、腹痛を起こしていないかを確認します。そのような兆候を見抜くためにも、食事の様子をドライバーが見ておくことが大事です。エサは、フェリーを降りたあとも時間を決めて与えます。のど詰まり防止のために給餌と給水はセットで行います。主な給餌・給水の場所はＳＡやＰＡです。水は長く積んでいると悪くなるため、ＳＡ・ＰＡの水道で新しい水を汲んで与えます。ＳＡ・ＰＡには馬のみならず牛や豚を運ぶトラックを想定して水を確保できるところがあります。ただし、すべてのＳＡ・ＰＡで水が調達できるわけではないため、出発前に給水場所を考え、そのうえで輸送計画を立てます。

獣医師との連携でトラブルに備える

馬の健康を維持するためには排泄も大事です。これも輸送時の心理状態が影響します。輸送に慣れていない馬は走行中の揺れている馬房では排泄ができないことがあります。このタイプの馬は、ＳＡ・ＰＡで停車したときに排泄できればよいのですが、緊張しているとなかなかそれもできません。これも体調不良の原因となるため、ドライバーは馬運車に載せている聴診器を馬のお腹に当てて腸が動いているかを確認します。

不調がある馬はその兆候としてお腹の部分を中心に汗をかきます。全身ではなくお腹中心という点が特徴で、これは異変を示しています。人間が腹痛でつらいときに脂汗をかくように、馬も汗のかき方に異常が現れるのです。馬の動作としては、馬が自分のお腹をのぞき込んだりしているときも不調のサインです。また、人間が疲れたときに目が充血することがあるように、馬も目がトロンとしていたり充血していたりすることがあります。このような症状が見られる場合は、輸送熱や腹痛など複数の可能性を視野に入れつつ、口の中に手を入れて熱を確認します。

最近は牧場での健康管理レベルが高くなり、馬運車の環境も良くなっているため、輸送中に体調不良となる馬は減っています。しかし、その可能性はゼロではありません。ドライバーは常に最悪を想定しながら馬の健康管理をする必要があり、おかしな点があれば獣医師に連絡してアドバイスをもらいます。

獣医師との連携は馬を安全に運ぶために不可欠です。私たちの場合は、いつでも電話でアドバイスや相談ができる獣医師と連携し、必要に応じて現場に駆けつけてもらう体制を構築しています。これは依頼主の安心感と信頼獲得につながります。また、ドライバーは馬の健康状態を見ることはできますが診断や治療は専門外であるため、獣医師に相談できる環境を持つことがドライバーにとっての安心感にもつながっています。

マイクロチップで個体を管理

馬運車は、２人で運転を交代しながら、出発から24時間後には関東便であれば美浦トレーニング・センターやその近郊の育成牧場に、関西便であれば35時間後には栗東トレーニング・センターやその近郊の育成牧場に到着します。育成牧場に到着したら、馬を降ろす場所に馬運車をバックでつけて、牧場のスタッフの迎えを待ちます。ゲートを開け、スタッフが到着するまでは尻板は開けず、待機します。また、各トレーニングセンターでは、自分たちで馬を降ろします。スタッフが来たら、尻板を開けます。積み込みの作業は牧場のスタッフに任せますが、降ろす作業はドライバーが行います。手順としては、まず最後に積んだ馬をお尻から後ろ向きに降ろします。前から2番目以降の馬は後ろの馬が降りたスペースができるため、車内で回転させて前向きに降ろします。積み込みの際に、積む馬の取り違えを防止するため、馬体に埋め込まれているマイクロチップで馬のＩＤを確認します。マイクロチップ技術が普及する以前は馬の特徴などを示す資料で個体判別を行い、ドライバーも特徴ごとに馬を判断するスキルを持っていましたが、今はそれが必要なくなり、手続きも簡素化しています。

入厩の手続きでは、馬それぞれに付与されている健康手帳と、再度マイクロチップで馬のＩＤを確認します。降ろした馬は、トレーニングセンター内の厩舎に入る前に検疫（入厩検疫）を受けます。これはトレーニングセンター内での感染症の拡大を防ぐためのものです。動物の感染症では鳥インフルエンザが有名ですが、馬にも馬インフルエンザがあります。トレーニングセンターには複数の牧場から馬が出入りするため検疫による全頭検査でウイルスの侵入を防ぐのです。

感染症による大きな被害を防ぐために、検疫は常に行われます。検疫で問題がなければ、馬は寝床であるトレーニングセンター内の厩舎に移動します。ここからは調教師をはじめとする厩舎のスタッフの担当となり、ドライバーは任務終了となります。

全頭無事に降ろして任務が終わる

北海道に戻りすべての馬を降ろし終えたら、無事に馬を届けたことを本社に連絡してから洗車場に戻り、ドライバーは馬運車を洗車します。馬房は糞尿で汚れているため、雑菌の繁殖を防ぐために熱湯で洗います。また、尿は車の床を腐らせる原因となるため、車の下回りもきれいに洗います。冬場の輸送では北海道や東北を走る際に融雪剤が付着するため、足回りも入念に洗います。

日高に戻る復路の輸送では、札幌や函館で開催される競馬に出走する馬や、放牧のために北海道の牧場に戻る馬などを運びます。また、競走馬は、２～３歳でデビューし、４歳くらいまで全国各地にある競馬場で走り、５歳が近づくと引退する馬が増えます。引退した馬を出身地である日高の牧場に運ぶこともあります。

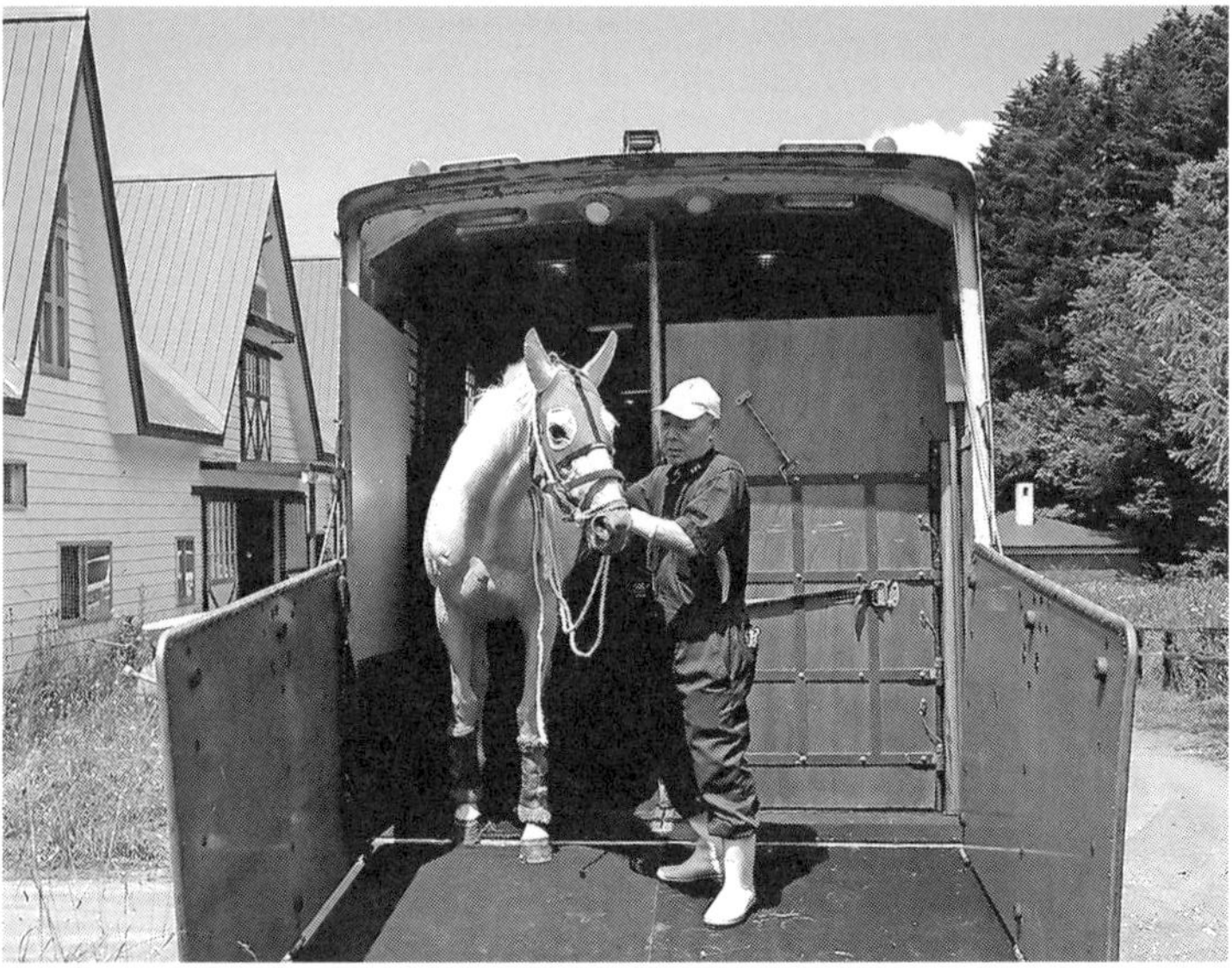
目的地で順番に馬を降ろす。馬のIDはマイクロチップで管理している

第3章

進化を続ける馬運車と輸送技術
馬匹輸送の技術革新が
競馬の進化を後押しする

高性能の馬運車が馬のパフォーマンスを高める

馬を安全、快適に運ぶためには、ドライバーの技術のみならず、長時間にわたって馬を積む馬運車の性能が重要です。日常生活ではほぼ接点がない馬運車には、馬匹輸送の質を高めるさまざまな工夫があります。

馬運車はすべて馬匹輸送専用のトラックで、馬運車製作の専門性を持つ協力会社によって1台ずつオーダーメードでつくられます。また、その製作技術は年々高度化し、それに伴って馬運車の性能は運転しやすさの点でも馬が快適に過ごせるという点でも向上し続けています。

これは競走馬のパフォーマンスにも影響します。輸送環境を支える馬運車の性能が良くなることによってベストコンディションでレースに臨める競走馬が増えるのです。

私がドライバーとして入社した頃と比べると、トラックには各種安全装置がつき、ドライバーが周辺の障害物などを把握しやすくなりました。障害物を早く認識することで急ブレーキを踏む回数が減り、馬が驚いたり、馬房の壁や仕切り板に体をぶつけたりするリスクを防ぐことができます。また、馬房のクーラーも性能が良くなり大型化しています。これも馬の体調不良を防ぐことにつながっています。

このような進化は競馬そのものの進化を後押ししています。例えば、ＧⅠレースは数十年前から開催されていますが、各レースの最速記録であるレースレコードを見ると、その多くがここ数年で打ち出されたものです。その背景として、もちろんトレーニングセンターにおける育成や調教のレベルが向上していることも関係しますが、速い馬がより速く走るための環境づくりという点で、馬運車と輸送技術の貢献も大きいのです。

（参考）ＧⅠレースのレコードタイム（2024年４月現在）

レース	タイム	優勝馬	騎手	年月日
フェブラリーステークス	1分33秒8	カフェファラオ	福永祐一	2022年2月20日
高松宮記念	1分06秒7	ビッグアーサー	福永祐一	2016年3月27日
大阪杯	1分57秒4	ジャックドール	武豊	2023年4月2日
桜花賞	1分31秒1	ソダシ	吉田隼人	2021年4月11日
皐月賞	1分57秒1	ジャスティンミラノ	戸崎圭太	2024年4月14日
天皇賞（春）	3分12秒5	キタサンブラック	武豊	2017年4月30日
NHKマイルカップ	1分31秒4	ダノンシャンティ	安藤勝己	2010年5月9日
ヴィクトリアマイル	1分30秒5	ノームコア	D.レーン	2019年5月12日
オークス（優駿牝馬）	2分22秒8	ラヴズオンリーユー	M.デムーロ	2019年5月19日
日本ダービー（東京優駿）	2分21秒9	ドウデュース	武豊	2022年5月29日
安田記念	1分30秒9	インディチャンプ	福永祐一	2019年6月2日
宝塚記念	2分09秒7	タイトルホルダー	横山和生	2022年6月26日
スプリンターズステークス	1分06秒7	ロードカナロア	岩田康誠	2012年9月30日
秋華賞	1分56秒9	ミッキークイーン	浜中俊	2015年10月18日
菊花賞	3分01秒0	トーホウジャッカル	酒井学	2014年10月26日
天皇賞（秋）	1分55秒2	イクイノックス	C.ルメール	2023年10月29日
エリザベス女王杯	2分11秒2	トゥザヴィクトリー	武豊	2001年11月11日
マイルチャンピオンシップ	1分31秒5	ダノンシャーク	岩田康誠	2014年11月23日
ジャパンカップ	2分20秒6	アーモンドアイ	C.ルメール	2018年11月25日
チャンピオンズカップ	1分48秒5	クリソベリル	川田将雅	2019年12月1日
阪神ジュベナイルフィリーズ	1分32秒6	アスコリピチェーノ	北村宏司	2023年12月10日
朝日杯FS	1分32秒3	グレナディアガーズ	川田将雅	2020年12月20日
有馬記念	2分29秒5	ゼンノロブロイ	O.ペリエ	2004年12月26日
ホープフルステークス	2分00秒6	キラーアビリティ	横山武史	2021年12月28日

年間24レースあるＧⅠ。2020年代に入って半分近くの記録が塗り替えられている

複数の協力会社の合作

私たちは競走馬の輸送を専門としているため、馬運車をつくる技術やノウハウは持っていません。ただし、日々の輸送の経験から、馬運車の性能を高めるために必要な機能や条件などは知っています。その意見を馬運車づくりの協力会社に伝え、半年ほどの製作期間をかけて馬運車を完成させていきます。馬運車は、トラックを土台として、バス型かトラック型につくられます。当社の馬運車もこの２タイプがあります。

ただ、新規の馬運車に関しては現在バス型はほとんどありません。かつてはバス型が多くつくられていましたが、衝突安全基準の変更によって現在は車体の強度が安定しているトラック型の馬運車がつくられるようになりました。ちなみに馬運車は基本的に助手席側の扉から乗り込みます。これはバス型が主流だった頃の名残です。バス型は観光バスと一緒で左側のみに扉が付いています。トラック型は左右にドアがありますが、運転席側のドアではなく助手席側から乗り込みます。

バス型・トラック型

私たちの馬運車は、全長12メートル、タイヤ12本の大型トラックがベースです。車両総重量25トン、最大積載量10トンのトラックで、輸送時には最大6頭の馬が乗りますので、1頭500キログラムとしても余裕があるサイズです。

馬運車（トラック型）の構造は、シャーシとボディの2つの部分に分けられます。シャーシは、エンジン、運転席、タイヤなど車として走るために必要な基本パーツを取り付けたフレームのことです。これはトラックメーカーが製造しています。私たちの馬運車は、北海道いすゞ自動車と日野自動車のトラックをベースにしています。

ボディは、荷物などを載せる荷台のことで、架装《かそう》や上物《うわもの》とも呼ばれます。ボディの形状と構造は、載せるものや運ぶものによって異なり、用途に応じてセミオーダー、またはオーダーでつくります。馬運車の場合は馬を積み込む馬房がボディにあたり、馬の積み降ろしやすさや居住性などに重点をおいて設計され、つくられています。私たちの馬運車は、新車は架装メーカー（トラバス）、使い始めてからの途中改良や修繕、馬房の備品や什器などの加工は加工会社（共栄鉄工）、電気配線関係は電機会社（小野電機商会）がそれぞれ担当しています。

テクノロジーの進歩で安全性が向上

馬運車はオーダーメードであるため新車です。新車のオーダーでは、まずトラックメーカーのディーラーにベースとなるトラックを発注し、馬運車仕様の改造を行います。具体的には、馬房を組み合わせることを前提として、シャーシに付く燃料タンク、エアフィルター、バッテリーなどの搭載位置を決めます。

バス型

トラック型

ベースとなるトラックには、安全装置として、コーナーセンサーやバックモニターなども装備します。コーナーセンサーは、前後のバンパーの角に装着するセンサーで、トラックの近くの人やモノを検出してドライバーに音声やディスプレイで知らせ、注意喚起します。

　バックモニターは、バックするときに障害物などがないか確認するためのもので、後部の画像をモニターに映し出します。トラックの運転席からは車の後ろ側が目視できないため、バックモニターが目の代わりとなって安全を確保します。２０２１年にはトラックのバックモニター（後退時車両直後確認装置）の搭載が義務化され、22年5月以降に販売された新車にはすべてバックモニターが取り付けられています。

これら安全装置が進化して普及したことで、ドライバーはあらかじめ障害物の有無を確認できるようになり、急ブレーキを踏まずに運転できるようになりました。また、馬運車のような大型トラックに乗り慣れていない新人でも安全に運転しやすくなりました。ドライバーを目指す人の裾野を広げる点でもこのようなテクノロジーの進歩が一役買っています。ドライバーが乗るキャビンは一般的なトラックと同じで、ミラーの数や位置も、正面からの見た目も一般的なトラックと変わりありません。バス型と比べると、トラック型のキャビンは視界が広く、よく見えるのが特徴です。

長時間の運転を想定した快適なキャビン

キャビン内の運転席周りは、馬房の様子を映すモニターや、エアサスペンションのスイッチなどが並び、運転しながら馬運車の各種操作ができるようにまとめてあります。馬運車で特徴的なのは、馬房に搭載するカメラによるモニタリングシステムです。

これはすでに二十数年前から普及しているものです。私たちの馬運車は、馬房内にカメラが3つあり、先頭、真ん中、後ろの2頭ずつ映します。このシステムがあることで運転中でも馬房の様子が把握できます（カメラやモニターのメンテナンスは小野電機商会が担当）。

運転席と助手席の後ろにはドライバーが仮眠するためのシングルサイズの2段ベッドがあります。私たちの輸送ではドライバー2人が1組で動くため、片方が運転しているときにもう1人が休んだり、輸送先などで長時間待機するときなどに2人が同時に休んだりすることができるようになっています。

また、ベッド付近には換気扇が取り付けられています。これは馬房に取り付けている換気扇とは別のもので、キャビン内の換気を行います。特にベッド近辺では上のベッドが暑くなるため、換気扇を回して空気を循環させます。

運転席周りには飲み物などを冷やす冷蔵庫と、その電源があります。また、ドライバーはスマートフォンを携帯しているため、壁には充電器を使うための電源があります。収納スペースも多く設けてあります。ドライバーは仮眠を取りながら交代で運転し、道中では、シャワー施設があるガソリンスタンドなどで休憩します。目的地であるトレーニングセンターの近くでも社員寮や宿泊施設を利用します。そのことを想定して、ドライバーの着替えやお風呂セットなどを収納することができます。

ニーズを踏まえて自由に設計

次にボディ部分である馬房です。ボディ部分は完全なオーダーメードで、架装メーカー（トラバス）と打ち合わせを重ね、詳細を詰めていきます。架装メーカーは私たちのアイデアを形にする重要な協力会社で、ここの協力がなければ馬運車はつくれません。

私たちが依頼している架装メーカーは、馬運車製作の老舗で、長期にわたる付き合いがあります。馬運車をつくれる架装メーカーは全国で数社しかありません。また、架装メーカーは一般的な馬房をベースとして、追加したい設備やレイアウト変更などをセミオーダーで取り入れていきますが、私たちのパートナー企業は完全フルオーダーに対応である点が魅力であり強みです。アイデアを出し、手書きでデザインと設計図を描くところからスタートし、手作業で世界に1台しかない馬運車を生み出していきます。アイデアを形にする一例として、私たちの馬運車では、キャビン後方のベッドの奥に特注で倉庫をつくっています。これは、給餌・給水に使うバケツ、馬糞掃除用のスコップ、馬をつなぐための紐の予備などの備品を収納するスペースです。これらは従来は馬房の壁にフックなどをつけてぶら下げていました。

しかし、金属のフックなどがむき出しになっていると馬のケガの原因になります。そこで倉庫をつくることを思いつき、馬房内の突起物を減らすことにしました。倉庫付きの馬運車は私たちの特徴で、他社の馬運車は今も備品をぶら下げています。また、倉庫は運転席側とつながっているため、馬房でトラブルがあったときなどには助手席側から馬房へと通り抜けて対処することができます。

大型トラックのサイズは、全長12メートル以下、全幅2・5メートル以下、全高3・8メートル以下といった制限があります。ボディもこの範囲内でつくり、最近の傾向として、ボディの下をより低く、屋根はより高くして制限まで目いっぱいに大きくつくることが多く、ボディ全体のスペースも大きくなっています。これは馬にとっては良いことで、1頭あたりのスペースが広くなります。ドライバーにとっては馬運車のサイズが大きくなるため取り回しが難しくなります。言い換えると、大型トラックを扱うドライバーの高度な運転技術がプロフェッショナルの証であり、ドライバーの価値ともいえます。

馬房の製作。細かなニーズを反映しながら1台しかない馬運車をつくる

頭数を減らして快適な輸送を実現

馬房は6頭積みで、前から3頭ずつ、2列で積み込み、それぞれの馬のスペースをタタミと尻板で区切ります。馬房に積み込む頭数は、20年ほど前までは縦に3頭、横に3列の9頭積みが主流でした。私たちの会社が最大積載頭数を6頭に制限したのは30年ほど前のことで、業界ではいちばん最初だったといえます。

詰め込む頭数を減らした狙いは、馬1頭あたりのスペースを広くすることです。9頭を6頭に減らすと、1頭あたりのスペースは1・5倍になり、飛行機で例えるならエコノミークラスがビジネスクラスになります。

これには複数のメリットがあります。例えば、詰め込む頭数が増えるほど馬房の室温が上がりますが、頭数を減らすことで発熱などの体調に関するトラブルを減少させることができます。

さらに、馬運車が揺れたり馬が暴れたりした場合でも、頭数が少なければ壁との距離ができ、ぶつかってケガするリスクも低くなります。馬房で作業をするドライバーも、動けるスペースが広くなることで馬が暴れたときに避けやすくなります。

デメリットとしては1回あたりの輸送効率が落ちます。馬匹輸送の収益は単価と頭数の掛け算ですので、単純計算で売上は3分の2に減ります。これは経営としては大きな判断です。頭数を減らすメリットとデメリットを天秤にかけなければなりません。私たちが重視したのは、ケガや病気を減らせることでした。輸送の質が高まれば依頼者の信頼を獲得でき、リピート利用が増えます。短期的には収益が減っても中長期で見れば事業の継続性は高まります。先代はそこを重視して6頭積みへの変更を決断したわけです。私がドライバーとして入社したときにはすでに6頭積みに変わっていました。ました。ただ、馬運車の仕様は9頭積みで、改造して6頭積みにしていました。

また、構造的には9頭まで乗せられるため、当時は特例的に7頭目として乗せるこいともありました。例えば、トレーニングセンターからすぐそばの牧場まで移動させるなど短距離の輸送を引き受けていました。

しかし、それも間もなくして社内ルールとして引き受けないことにしました。また、新たな馬運車の発注も６頭積みの馬房に変えました。業界においても６頭積みのメリットが認知され、今では６頭積みがスタンダードになっています。

大型クーラーで馬房の室温を下げる

馬運車で特徴的なのは、馬房を冷やすための強力なクーラーを搭載している点です。馬は暑がりですので冷房設備は必須です。また、走行中は新鮮な空気を取り入れるために馬房の窓を開けるので、外気による室温上昇を抑える強力なクーラーが必要です。

そのような事情から、私たちは冷凍機をクーラーとして使っています。冷凍機は冷凍の荷物を運ぶ貨物トラックが使っているもので、その冷却能力はエアコンとは比にならないほど強力です。馬房の窓をすべて閉め切れば室内が凍るほどの性能があります。

　また、クーラーの冷やす力を高めるために、容量も大きくしています。容量は、家庭用エアコンでいう6畳用、20畳用といった力のことで、最新の馬運車に搭載しているクーラーの容量は北海道内の馬匹輸送会社の中で最大です。容量が大きくなると冷やす力が高まりますが、その分本体も大きくなるため、馬運車に設置するスペースの確保が難しくなります。これは従来からの課題でした。クーラーの大容量化に対応するため、架装メーカーとともに搭載方法を検討していたのです。

　この課題は、クーラーを天井に設置することで解決しました。従来の馬運車では車体の下にクーラーを設置していましたが、新車では観光バスや電車のエアコンのように、大型クーラーを屋根に設置することにしました。

　馬房の室温管理は、馬が快適に過ごすための重要なポイントです。より快適な環境にしていくために、クーラーの大型化や、同サイズで強力なクーラー探しは引き続き継続しています。また、馬房の壁に使う素材や断熱材の改良も効果があるため、この点も架装メーカーとともに研究しています。

周囲の声とアイデアを柔軟に取り入れる

外装のデザインも架装メーカーとつくります。創業当初の外装は緑とオレンジのカラーリングで、１９８７年に3種の青のラインを引いたデザインに刷新しました。当時の私は小学生でしたが、そのときのことをよく覚えています。今の外装デザインとなって40年近くとなるため、過去にはイメージチェンジを検討したこともあります。直近では、２０２３年に本社がある新ひだか町の静内地区にて新しいデザインやカラーの公募を行いました。

応募案には良いアイデアもありました。一方で、現行のデザインを変更してほしくない、今のデザインが良いと思うといった声も思いのほか多く、リニューアルはいったん保留としています。「今のままでよい」といった反応は、今のデザインが地域に浸透していることの表れともいえます。

馬房の内装は緑色で、これも長期にわたって変わっていません。ただ、緑の内壁という点では変化はありませんが、細かな部分では、壁材に特殊な塗料を塗って雑菌が

3色の青をあしらった外装。地域では私たちのトラックとして認知されている

繁殖しにくい加工を施したり、馬房内のライトを青系が強い色に変えたりするといった細かな工夫を行っています。

このようなアイデアは、同業他社の人から話を聞いたり、異業種の人との会話からヒントを得たりしながら、良さそうだと感じたものを取り入れています。細かな工夫として、例えば、馬のリラックス効果を高めるために馬房に音楽を流したり、空気をきれいに保つためにプラズマクラスターを搭載したりするといったことも行っています。

突起物のない安全な馬房が理想

馬房の内装や多くの特注部品や馬運車全体の構造を熟知している加工会社（共栄鉄工）とともに修繕や途中改良をしています。この会社は日高に拠点があり、私たちが使う大型の馬運車だけでなく、牧場で使う小さい馬運車も手掛けているプロフェッショナルです。専門技術と経験があるため、業界内でもその存在と腕前はよく知られています。

加工会社には、馬房のフレームや、馬房で使用する什器などの製作、改良、修理を依頼しています。例えば、私たちが使っているタタミは非常に背が高く、業界でもトップクラスです。かつてのタタミは馬が前脚を上げて届く高さで、前掻きしたときに脚が引っ掛かり転ぶことがありました。それを防ぐ方法を加工会社と話し合い、新車をつくる度に徐々に高くなってきました。

改良では、馬房の壁に貼り付けてあるケガ防止のためのクッション材に、ガード用のゴム板を装着しています。クッション材は車が揺れて馬がぶつかったときなどにケガをしないようにするもので、従来は、その部分を馬が噛むことが多く、中のスポンジが飛び出ていました。そこで加工会社に相談し、噛みついても破損しない改良をしてもらいました。

馬はストレスを感じたときなどに前脚で床を叩くことがあります。これは馬房が傷む原因となるため、加工会社に相談して、床の表面に傷防止のためのゴムを貼ってもらいました。また、その下にはアルミ、さらに下は木でできているため、長く使って木が傷んできたときには修理を頼みます。細かな点では、給餌・給水のためのバケツを引っ掛けるフックの高さも改良しています。馬は食事の質や育成環境が良くなっていることもあり、大型化する傾向があります。また、その傾向は今後も続くため、それに合わせて食べやすい高さにバケツを引っ掛けるようにしています。

馬房の壁は、馬が暴れても壊れることがないように強度が必要です。しかし、硬すぎると馬がぶつかったときにケガをします。その課題も架装メーカーと共有し、馬の肩が当たる高さのところにクッション材を貼っています。積み込んだ馬の後ろに立てる尻板も同じです。馬はストレスを感じたときなどに後ろ脚で尻板を蹴ることがあります。その際、最悪のケースとして競走馬の命ともいえる脚を傷める可能性があります。そのため、尻板は蹴ったときの脚へのダメージを抑えるために木を使います。ただし、尻板が軟らかいと割れるため、ある程度の強度を持たせつつ、蹴って脚が当たる部分にはゴムのガードを貼るといった工夫をしています。

馬房の内装は、まったく突起物がない状態にすることが理想です。この課題も架装メーカーと共有しています。現状は、壁に給餌・給水のバケツを引っ掛けるフックがついています。尻板を閉じるためのロックも出っ張っています。これらは馬がぶつかったり暴れたりしたときにケガする要因となるため、究極的にはすべてなくしたいと思っています。倉庫をつくったのも馬の周辺からモノを減らし、できるだけ何もない状態にしたいと考えたからでした。

架装メーカーは、このような細かな課題を相談し、改良のイメージや狙いを伝えることによってあらゆる特注品をつくってくれます。ただ新車の製作を依頼するだけの関係にとどまらず、安全で丈夫な馬房を追求し、一緒に進化させていくパートナーの関係性を築いています。

馬運車整備の協力会社を増やす

馬房の電装関係は電気工事の専門会社（小野電機商会）に依頼しています。依頼内容は、クーラーの点検や修理、馬房内のライトなどです。馬運車のクーラーはトラックメーカーの純正品ではなく私たちのオリジナルです。そのため、クーラーの管理もメーカーではなく電気工事会社に依頼します。

ただ、点検作業はトラックメーカーでの車検時に行うことが多いため、電気工事会社にもディーラーに出向いてもらい作業をしてもらうことがあります。フットワークが軽いのがこの会社の魅力です。フットワークの良さという点では、新たに大型の冷凍機を搭載すると決まったときに、メンテナンスや修理の方法を学ぶために、架装メーカーに出向いて構造などを学びに行ってくれたこともありました。修理の技術が高いだけでなく、新たな技術の習得に熱心で、そのために時間を割いてくれる協力的で研究熱心な姿勢もこの会社の魅力です。

馬運車はトラックの中でも珍しいため、電気関係のメンテナンスや修理も複雑です。クーラーや馬房モニターなど馬運車特有の設備もあり、それらを扱う技術や知識を持つ会社が少ないことが私たちの課題でした。

そんなとき、私たちのスタッフの一人がこの会社を探してきました。当時は馬運車を扱った経験がありませんでしたが、触れる部分から触ってもらい、今では馬房全体を見てもらえるまでになりました。事業面では、私たちの依頼が電気工事会社の新たな事業づくりの足がかりになったともいえます。馬運車に関わる業務を通じて、地域企業の新しい事業開拓に貢献していくことも私たちの重要な役割です。

メンテナンスも専門性が不可欠

馬運車のメンテナンスは、点検、整備、修理したい場所によって依頼先が異なります。例えば、法定点検（定期点検整備）や1年ごとの車検はディーラーに依頼します。キャビン、エンジン、ミッション、タイヤなどのシャーシに関わる箇所もディーラーです。ディーラーが頼もしいのは、全国に整備工場があり、24時間対応してくれることです。現実には走行不能になるような故障はほとんど起きませんが、そのような事態が発生したとしても、最寄りのディーラーに対応を頼めるのはドライバーにとって大きな安心感です。

また、私たちは複数の馬運車を稼働させているため、今月は1号車、来月は2号車と3号車といったように次々と車検に出します。それぞれの馬運車について、点検してほしい箇所や交換してほしい部品があるため、日常的なやり取りとして、ディーラーとは車検のための入庫手続きや、部品交換の連絡を行っています。

馬房の点検などは、内装や備品に関しては加工会社、電気関係は電気工事会社に依頼します。馬房は異業種のトラックにはない設備や什器が多いため、街中の修理工場では対応が難しく、これらの協力会社が不可欠です。特に加工会社には、備品の改良などのために常に1、2台は入庫している状態です。私たちの事業は馬運車がなければ成り立ちませんので、配車のスケジュールに支障をきたさないように短納期で対応してくれる点も助かっています。

架装メーカーには新車をつくる際の馬房の設計と製作を依頼していますが、整備や修理などを依頼することはほとんどありません。一方で、ドライバーがより快適に作業できるようにするにはどうすればよいか、輸送中の馬が快適に感じるには何を変えればよいかといった未来目線で相談することは多く、アイデアも出してもらっています。大容量のクーラーも、クーラーを強化したいという私たちの要望を共有し、架装メーカーが関西の企業との協業で実現してくれました。協力会社にはそれぞれの事業を通じたネットワークがあり、専門分野での情報収集にアンテナを張っています。それらの知見を持ち寄り、組み合わせながら、馬運車は進化を続けているのです。

担当者となってやりがいが高まる

新車は発注のための打ち合わせから納車まで丸1年ほどかかります。具体的な仕様や設計が決まってからの期間は6カ月前後です。近年は、メーカーでの作業を担う人材が不足していたり、海外の政情不安で材料が調達しづらくなったりすることもあり、新車のトラックの納車が1年近くかかることも珍しくありません。馬運車の場合はさらに納車まで時間がかかります。協力会社が努力してくれてはいますが、今でも予約してから馬運車が納車されるまでに3年待ちという状態が続いています。

新車の馬運車の価格は総額で約6500万円です。10トントラック（特別な架装なし）の新車が2000万円、観光バスは3000万円くらいが一般的ですので、これら平均価格と比べると高額といえます。高額である理由は、最新の安全装置などを搭載した新車をベースとしていることと、馬房を中心に特注の什器やパーツが多いことです。ドライバーの視点で見ると、6500万円の車を管理するプレッシャーを感じる人もいます。ドライバーとして独り立ちすると、自分の担当の馬運車として適切に管理しなければなりません。

一方では、それがやりがいにもなっています。自分の担当として責任を持って扱う意識が高まり、高額であるからこそ丁寧に乗り、きれいに使おうと考えます。ドライバーの多くは車に興味があり、大型トラックに乗ることがモチベーションとなっているため、高額で高性能の馬運車を増やしていくことはドライバーの会社へのエンゲージメント（帰属意識）を高めることにつながり、離職率の低下などにもつながっていきます。ちなみに、馬運車を納車したときには地元の静内《しずない》神社から神主さんに出向いていただき本社で祓いと納車式を行います。担当となるドライバーなどが参加して、人と馬の安全を祈願します。

車の点検も重要な仕事

馬運車の担当者は、一件一件の輸送の責任を持ちます。目的地まで馬を無事に届けることはもちろん、担当する馬運車を適切に管理する責任も発生します。そのためには、馬運車の構造をすべて覚える必要があります。また、安全な運行の実現という点では出発時や休憩時の点検作業も完璧に行う必要があります。

ドライバーは整備士ではないため、故障箇所を修理したり、故障の原因を突き止めたりすることはできません。しかし、点検によって不良箇所を見抜く力は磨くことができます。整備不良は事故の原因になるため、私たちは、出発前や高速道路などでの点検を必須としています。点検の方法とタイミングは会社によって異なるため、転職入社のベテランドライバーは前職でのやり方が身についている場合には、点検漏れを防ぐために私たちが定めている手順での点検を覚え、実行してもらっています。

出発前点検は主に3つあります。1つ目は、タイヤの点検です。タイヤは種類や荷物の荷重を加味して、適正な空気圧が定められています。タイヤの空気圧が低いままで高速回転するとタイヤ内の空気が高温によって膨張し、バーストしやすくなります。点検では、点検ハンマーでタイヤを叩いて空気圧を確認します。空気圧が正常なときは「ポーン」という音、不良なときは「ドスッ」という鈍い音がします。この感覚をドライバー研修で覚え、日々の業務でも実践します。

次に、タイヤの溝を確認します。安全運転するためにはタイヤは溝が1・6ミリメートル以上必要です。これも点検ハンマーを使い、ハンマーの尖ったほうを溝に当てて、親指の先で溝の深さを確認します。また、積み込み方が悪く重心が偏った状態で走らせ続けると、タイヤの片方だけが極端に摩耗します（偏摩耗といいます）。溝の確認では、このような異常の発見も意識します。溝の確認は目視だけではなく、手で触って確かめること、また、その癖をつけることが重要です。手で触ってみることで、溝に詰まった小石などの異物にも気づきやすくなります。スペアタイヤも確認します。スペアタイヤはパンクしたときにしか使いませんが、いざというときのために必ず使える状態にしておかなければなりません。スペアタイヤは車検などの点検時に積んであることを確認しますが、パンクして使ったときに代わりのスペアタイヤを積み忘れている可能性もあります。きちんと積んであることを確認し、ほかのタイヤと同様に空気圧、スリップサイン、亀裂の有無、偏摩耗も確認します。

２つ目は、バッテリーの点検です。バッテリーの寿命は2、3年です。ただし、バッテリーは自然放電し、真夏などはエアコンの使用で蓄電量以上に使用されることがあります。そのため、バッテリー上がりを防ぐために、日常点検でバッテリー液が適量入っているか確認し、補充を怠らないことが重要です。バッテリーについては、ドライバー研修でつなぎ方も覚えます。

３つ目は、タイヤを固定するホイールのボルトとナットの点検です。確認するポイントは、ホイールナットのゆるみ、締めすぎ、ホイール穴の不良、ホイールボルトそのものの脱落、ホイールナットの脱落などです。ゆるみは走行中に増幅し、タイヤの脱落につながります。また、1本抜けて8本のボルトが7本になれば、残りのボルトとナットに想定以上の負荷がかかり、耐えきれず破損してしまいます。

確認方法は、手の甲をホイールに軽く添えて、点検ハンマーでタイヤが前進回転する方向（たたくことでゆるまない方向）に軽く叩きます。ボルト、ナットがゆるんでいる場合、手がしびれるような感覚があります。その感覚を頼りに、しっかりと締めなおします。この作業を出発前に行うことでタイヤの脱落事故はほぼ完璧に防げます。

休憩を入れて体調不良を減らす

最近の馬運車は馬房の快適さの面でも高度化し、長距離輸送による馬の負担も軽減される傾向にあります。実際、10年、20年前と比べてみると、馬がケガをしたり体調

安全点検もドライバーの仕事
その内容はドライバー研修でも学ぶ

不良となったりする頻度は大幅に減り、輸送のストレスなどが原因で暴れることもかなり減少しました。つまりそれくらい馬房の環境が良くなり、私たちが目指すワープのような輸送に近づいているということです。また、その背景として、牧場や厩舎での健康管理が高度化したことや、高速道路網の拡大とでこぼこ道の補修によって揺れが少ない輸送ができるようになったことも挙げられます。

ただ、それでもやはり馬の負担はゼロにはなりません。特に北海道と栗東を結ぶ便は30時間を超える長旅で、ドライバーにも馬にも負担がかかります。これは従来からの課題でした。協力会社とともに馬運車の機能向上に取り組みながら、一方では、馬運車という物理的なアプローチでは解決できない時間的な負担があると感じていたのです。

最新の馬運車で輸送しても、北海道から栗東へと向かう道中で馬が体調不良になることはあります。輸送熱は輸送時間が20時間を超えると発症率が高くなるため、20時間の壁を解消するためにも輸送方法をもう一段階昇華させる必要がありました。

そこで導入したのがワンクッション輸送です。これは、北海道から栗東までの間で一度牧場に寄り、馬を休憩させる方法です。途中で休憩を挟むと輸送時間が延びます。また、馬を休憩させる牧場に支払うコストが発生するため、その分の値上げによって依頼主が離れてしまうリスクもあります。

しかし、私たちは料金よりも馬優先で考えたほうが良いと判断しました。長距離輸送は馬が疲弊する、体調不良になっても仕方がないといった認識が業界内で一般化されているからこそ、その固定観念を壊すことで馬匹輸送に変革をもたらすことができます。大切な馬をストレスにさらしたくないと考える依頼者もいるはずで、そのためには多少料金が高くなっても、休憩時間の分だけ輸送時間が長くなっても、ワンクッション輸送を支持する人はいるだろうと考えたのです。

直送とワンクッション輸送のスケジュールの違い

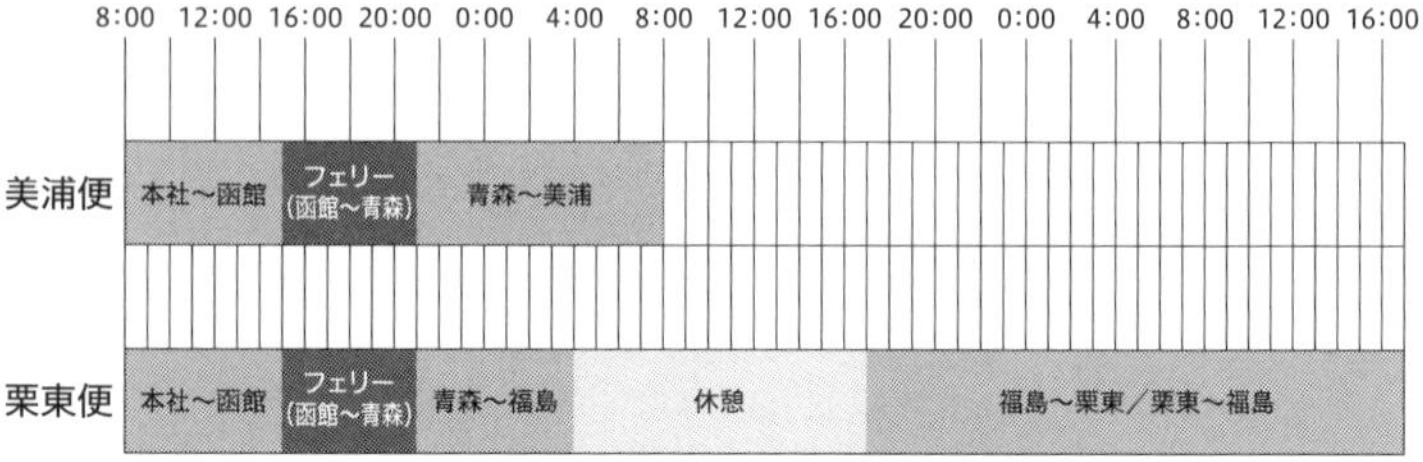

ワンクッション輸送の構想を実現

ワンクッション輸送の構想は以前からありましたが、実現に向けては、休憩場所として利用できる牧場がないことが課題でした。栗東までの道中にはいくつか牧場がありますが、どこも収容力の目いっぱいまで馬を抱えています。私たちが運ぶ馬を新規で受け入れ、休ませてくれる余裕はなく、この課題にぶつかったまま、ワンクッション輸送は机上の空論のまましばらく放置されることになりました。

そのような状況の中で、2011年に東日本大震災が発生します。東北地方に大きなダメージを与えたこの災害により、被災地となった牧場に預けていた馬を移転させたり撤退させたりするケースが増えました。

それから数カ月後、大手の牧場が福島県にトレーニング施設を開場し、自社が北海道で育成し、滋賀に運ぶ馬を休ませる中継地として運用を始めました。このときに初めてワンクッション輸送が実現したわけです。また、その効果も大きく、輸送熱などのトラブルが激減したという話が私たちの耳に入ってきました。その話を聞き、ワンクッション輸送の効果を確信した私たちは、提携可能な牧場探しを本格化します。条件としては、単に放牧できるだけでなく、競走馬や、競走馬を目指す若いサラブレッドを扱う専門知識があるスタッフがそろっていることを挙げました。また、私たちは北海道と栗東を結ぶ便数が多いため、収容力も重視しました。

そのような条件で探した結果、辿り着いたのが福島県内にある民間のトレーニングセンターです。さっそく私たちはワンクッション輸送の実現に向けた協力を仰ぎ、合意に至ることができました。その後、預ける際の手順、放牧中の馬の管理方法、入厩させる馬の数とスケジュール、長期的な運用に向けたオペレーションと仕組みの構築などを行い、２０１４年4月からワンクッション輸送をスタートすることになったのです。

ワンクッション輸送は、北海道で積み込んだ栗東行きの馬をいったん福島のトレーニングセンターで降ろし、半日ほど休ませます。場合によっては、トレーニングセンターの施設を使って訓練を行うこともあります。また、トレーニングセンターは専任の獣医師と連携しているため、馬の体調に疑わしい点がある場合には診察や処置を受けます。休憩後、再び馬を積み込んで栗東に向けて出発します。復路も同様に、栗東で積み込んだ馬を福島まで運んで半日休ませ、その後、北海道に向かいます。

栗東便をワンクッションに一本化

北海道を出発してから戻ってくるまでのドライバーの日程は、栗東まで直送する場合は4日ほど、ワンクッション輸送は往復1回ずつ福島に立ち寄るとして、6日前後です。これを基本として、ワンクッション輸送をスタートした当初は、栗東便の依頼者がこの2つのパターンのどちらかを選べるようにしました。

ところが、蓋を開けてみると依頼内容のほとんどはワンクッション輸送でした。馬を弱らせたくない、ケガさせたくないといったニーズは私たちが予想していたよりもはるかに大きかったのです。この手応えを得て、私たちは栗東への直送便を廃止し、すべてワンクッション輸送に一本化しました。選択肢を減らしたことで配車やドライバーのスケジュール管理も簡素化しました。ワンクッション輸送の効果も大きく、栗東便で体調を崩す馬が大幅に減りました。依頼者は、従来は馬の発熱などによって栗東でのトレーニング計画を遅らせなければなりませんでしたが、ワンクッション輸送によってそのようなトラブルが減りました。計画どおりに訓練を行うことでレースでは良い結果が出やすくなりました。

このようなメリットが馬主や牧場に周知され、ニーズがさらに広がっていくことで、ワンクッション輸送は私たちの特徴の一つにもなりました。ワンクッション輸送をスタートして10年後には、北海道と栗東を結ぶワンクッション輸送の9割以上を私たちが担うこととなったのです。その点で、良いトレーニングセンターと提携できたことは私たちにとって幸運でした。トレーニングセンターもワンクッション輸送の短期預かりで収益を伸ばすことができ、震災からの復興の一助となれたことを私たちとしてもうれしく感じています。

第4章

馬匹輸送がなければ競馬そのものが成り立たない次代を担うドライバーの育成

一人前になるまでの条件は厳しい

馬匹輸送は、運転技術と馬の扱いに関する高度なスキルが求められる仕事です。運転面では、馬にストレスを与えない柔らかく繊細な技術が必要です。牧場の近くでは住宅地を通り抜けなければならない場面もあり、観光バスサイズの車で宅配便トラックの道を通るような運転技術が求められます。馬の扱いでは、ドライバーは馬に直接触れる機会が多いため、馬に対する理解と、馬それぞれによって異なる性格などを理解したうえで、過度に恐れることなく接するスキルも必要です。また、馬は生き物であるため、現場ではさまざまなトラブルが起きる可能性があります。それらを適切に対処する能力と、馬を無事に目的地まで届けるプレッシャーへの耐性も必要です。

さらに、馬匹輸送は美浦や栗東のトレーニングセンターに向けた長距離移動であるため、体力も重要です。技術的にも心理的にも体力的にも高いレベルが求められる馬匹輸送のドライバーは、それらの素養を満たすことで一人前の馬匹輸送ドライバーとして認められます。これらはほかのトラックドライバーとは異なる素養です。また、これらのスキルは一朝一夕で身につくものではなく、日々の訓練と高度な技術の習得を目指す強い意志が求められます。

3年で独り立ち、7〜8年で一人前

馬匹輸送の新たなドライバーは、前職がドライバーであったかどうかを問わず、入社してから約1カ月にわたって新人ドライバー向けの研修を受け、現場デビューを果たします。馬匹輸送は覚えることが多いため、最初は先輩2人のアシスタント（助手）として馬運車に同乗し、ＯＪＴで仕事を覚えていきます。３人で現場を回りながら、運転だけでなく、馬の扱い方も学んでいくのです。

研修を終えたら、先輩とペアになり2人で現場に出ます。助手だった頃と比べると担当業務の量が増えます。運転も2人で交代しながら行うため、北海道から美浦や栗東への往復を任されることになります。

ただし、この段階でもまだ勉強することは多くあります。ある程度の判断は自分で行いますが、トラブル対応などは先輩のアドバイスを受けながら進める形になります。独り立ちできるまでには、だいたい3年ほどかかります。

独り立ちしたあとは、一人前へと成長するためのステップが待っています。一人前は、一つひとつの輸送を滞りなくこなす責任を持つ立場になることを指します。また、一緒に行動する後輩に馬匹輸送の技術や知識を教え、指示やアドバイスを与えながら彼らを育てる役割も担います。例えば、馬の状態を観察し、どのような対応が適切かを自分で判断するだけでなく、その状態、背景、理由を後輩に説明できなければなりません。後輩から質問されることもあるため、答えるための知識と経験も求められます。そのためには、馬の扱いを理解する力だけでなく、コミュニケーション能力が必要です。また、育成役として後輩に慕われる人間的な魅力も高める必要があります。どれだけ運転が上手くても、仕事に対する姿勢がだらしないと後輩の手本にはなりません。仕事に真摯に取り組み、自分のキャリア形成をしっかり考え、後輩にとっての良い手本となることが求められます。

この段階に達するまでには、だいたい7~8年かかります。時間はかかりますが、馬匹輸送のドライバーはこの状態を目指して成長します。また、先輩ドライバーとして一人前になった段階で、自分の担当の馬運車を持ちます。

前職での運転経験は一長一短

馬匹輸送のドライバーに応募してくる人は、背景も目的も多様です。資格としては、馬運車の運転には大型一種免許が必要ですので、応募者も、前職としてトラックドライバーをしていた人や、タクシーやバスの運転手といった輸送関係の仕事をしていた人が多い傾向があります。一方で、最近はドライバー経験がない人の応募も増えており、その中には大型一種免許を持っていない人も含まれます。私たちの会社では、未経験者を採用することもあり、入社内定後に大型一種免許を取得してもらいます。

応募動機は大きく2つに分けられます。1つ目は、車や運転に関わる仕事をしたいという動機です。特に大型車の運転は興味を持つ人が多く、大型輸送で技術を磨きたい、発揮したい、大型トラックの運転をキャリアにしたいと考える人も多くいます。

2つ目の動機は、馬が好きで、馬に関わる仕事がしたいという動機です。最近の傾向として、馬を扱ったゲームがきっかけで馬が好きになり、馬匹輸送の仕事に興味を持つ人もいます。車と馬は、どちらの動機としても重要ですが、それぞれに課題も存在します。車の運転が動機の人は、馬の扱いに困り、業務内容などに戸惑うことがあります。一方、馬が好きで応募する人の中でも、ゲームなどで見る馬と実際の馬のギャップを感じ、馬を扱うことに想像以上の難しさを感じることがあります。

私の会社の入社割合を見ると、馬が動機で入社した人は約3分の1で、大半は車や運転が動機の人です。馬匹輸送のドライバーとして長く活躍できるかどうかは個人の性格などにもよりますが、全体としては車の運転が動機で入社する人のほうが長続きしやすい傾向にあります。入社後の活躍に関しては、大型トラックの扱いに慣れているという点で、前職でトラックドライバーを経験している人のほうが有利といえます。ただし、経験が多いほど、前職でついた運転の癖が抜けず、馬匹輸送で重要な丁寧な運転が習得できないこともあります。その点では、未経験の人のほうがゼロから運転技術を学び、早く成長することもあります。

謙虚さと積極性を併せ持つ

長距離輸送の経験がある人は自分の運転に自信とプライドを持っています。しかし、馬匹輸送は馬匹輸送に特化した特別な技術が必要です。特徴的なのは、高価な生き物を運ぶ点で、生き物の命を預かるプロフェッショナルでなければなりません。ここがモノを運ぶドライバーと大きく異なるため、異業種でドライバー経験がある人も、この点での技術の習得や学び直しが必要です。

そのためにはまず先輩から学ぶことが基本です。先輩は車や馬についてのあらゆる知識を教えてくれます。成長していくためには、その内容を素直に聞き、理解し、自分で学び続ける謙虚さが大切です。素直に聞く人は吸収が早く、教える側としても真剣に話を聞いてくれる人にはより多くのことを教えたいと思うものです。このようにして良いサイクルが生まれ、学びのスピードも加速していきます。また、失敗から学ぶことも重要です。現場に出ると、大小さまざまな失敗を経験します。例えば、目的地までの道を間違えたり、急ブレーキを踏んで馬をケガさせたりすることがあるかもしれません。そのようなトラブルで到着予定時刻を過ぎてしまうこともあります。成長する人はそれらを学びの機会に変えます。ここでも失敗を認める謙虚な姿勢が重要で、反省し、原因を掘り下げることで、次の失敗を防ぐことができます。

一方で、馬匹輸送のドライバーとして成長するためには積極性も求められます。謙虚さと積極性は相反する姿勢に感じるかもしれませんが、教わるときは謙虚に、学んだことを実行するときは積極的に行動することが成長につながります。

特にドライバーとして独り立ちしたあとは、現場でさまざまな判断をすることになります。予定のルートが工事中だったり、事故で通行止めになったり、馬の調子が悪くなることもあります。このような状況で「指示待ち」は通用しません。トラブル解決に向けて積極的に行動し、臨機応変に判断することによって時間どおりに馬を届けなければならないからです。そのような行動ができるドライバーとなるために自分にできることを探す姿勢が重要です。積極性は日々の勉強でも重要です。例えば、輸送がなく会社で過ごす日に、成長する人は先輩から頼まれた雑務をするだけでなく、車のメンテナンスをしたり、運転の練習をしたりしています。馬に関する勉強も同じで、馬の習性について自主的に勉強する人が成長します。馬匹輸送は「これでいい」という上限がない仕事です。私たちの企業理念にも、「最善の上には最善がある」「更に上を目指し考え行動しつづける」といった一文を入れています。この考え方を理解し、行動に反映できることが馬匹輸送のプロフェッショナルにとって重要な素養なのです。

現場でのコミュニケーションが重要

馬匹輸送のドライバーは、コミュニケーション能力も大事です。ドライバー業界全体では、仕事の特性上、１人で仕事をすることが多いのですが、馬匹輸送は２人のドライバーが一緒に動きます。馬匹輸送では馬との相性も大事ですが、人間同士の相性も大事です。良い関係、良い環境で仕事をしていくために、報連相はもちろん、雑談も含めてコミュニケーションをとることが重要です。対人関係は退職理由にもなることがあります。馬匹輸送で辞める人の原因の一つに、ドライバー同士の相性がありす。私たちの場合は、職歴を踏まえて経験豊富なベテランと新人に近い人を組み合わせることを基本としていますが、そのような経験の差だけでなく、性格的に合うかどうかも見てペアをつくっています。また、そのためにドライバーからの声や要望を聞き、協力し合って仕事に取り組めるペアを考えています。現場での指導でもコミュニケーションが問われます。現場では２人１組になり、基本的には先輩が後輩に仕事を教えながら進めていきます。より多くを学ぶためには、後輩から積極的に質問することが大切です。分からないことを放置せず聞く姿勢が求められます。一昔前と比べると、先輩とのコミュニケーションが取りやすくなりました。かつてのトラックドライバーは気性が荒い人や、やんちゃしていた人が多かったため、質問があっても声をかけづらく、先輩も教える意思が薄い場合がほとんどでした。しかし、今は時代が変わり、質問すればなんでも教えてくれる環境になりました。この環境を活かして、小さな疑問を放置することなくなんでも聞く人、そのコミュニケーションをいとわない人が成長のポイントの一つなのです。

現場での指導では、最近は先輩のほうが指導することに気を使う側面もあります。若い人たちは家庭や学校で優しく育てられてきた人が多いため、少しでも強い口調で指導を受けると、それが原因で辞めてしまうこともあります。教える側も、強い口調はパワハラととらえられるのではないかと考え、指導を遠慮してしまうことがあります。これは指導としては良くない傾向です。馬匹輸送では馬が暴れるなどして危険な場面があるため、ドライバーのケガにつながるような行動は厳しく指導し、禁止しなければなりません。言葉遣いの配慮は必要ですが、その点での遠慮は不要です。その線引きをして指導がうまく機能するようにすることが大切なのです。教わる側も、強い口調で指導された場合には、その理由を理解することが求められます。危険を防ぐために強く指導されることを理解し、成長の機会とすることが大事です。

人も馬も相手を理解することが大事

コミュニケーションという点では、社内では配車係などドライバー部門以外とも連携しながら仕事を進めます。馬匹輸送はチームプレーであるため、ドライバーがワンマンの意識では務まりません。社外では牧場やトレーニングセンターのスタッフと接する場面も多くあります。例えば、輸送する馬の特徴や注意点は牧場のスタッフから教えてもらいます。コミュニケーションがうまい人ほど多くの情報を獲得でき、それが安全な輸送につながります。そのような関係性を築くために、周りへの配慮と協力を獲得するための働きかけが重要です。挨拶、礼儀、言葉遣い、身だしなみなどの基本的な部分も含め、コミュニケーションによって相手との関係性を深めることもドライバーにとって必要な技術です。

ドライバーは職人気質の人が多く、運転技術の追求にも熱心です。もちろん、ドライバーとしての価値の根幹は運転技術にあり、運転を極めていくことは大事です。

しかし、馬匹輸送の場合は、そこに馬の扱いという2つ目の技術が必要です。また、馬匹輸送は依頼者あっての仕事ですので、依頼者や関係者からの評価も大事です。無口や無愛想であることが原因で依頼者などから過小評価されます。人は無意識のうちに第一印象で相手を判断する傾向があるため、運転技術が高く、仕事熱心だったとしても、その価値が伝わらず、むしろ「無口で付き合いにくい」「何を考えているか分からない」といった評価を受けてしまうことがあるのです。

これは実は少しの努力と工夫で変えられます。例えば、丁寧に挨拶するといったことも効果的ですし、現場で会った知らない人にも挨拶をすれば、たったそれだけのことで印象は変わります。また、決して話し上手である必要はなく、ハキハキと返事をする、笑顔で応対するといったことも印象を良くすることにつながります。

馬の扱いでもコミュニケーションが重要です。馬と会話することはできませんが、その時々の感情があります。それを見抜くことで気持ちが通じ、言うことを聞いてくれるようになることも多いのです。例えば、気が短い人やせっかちな人は馬の扱いもうまくいきません。馬は繊細な動物で、優しく接すればおとなしく言うことを聞きますが、手荒く扱うと荒っぽくなります。短気な人は無闇に急がせ、仕事を早く終わらせようと力ずくで対応します。そのせいで、かえって馬が言うことを聞かなくなり効率が落ちます。

これはモノを運ぶドライバーと異なるところです。重要なのは、思いどおりには動かず、言葉も通じない馬の気持ちを理解しようとする余裕を持つことです。モノの輸送は急げば急ぐほど効率が良くなりますが、馬匹輸送では「北風と太陽」の話のように、強引に動かそうとしないほうが効率が良くなることが多いのです。

座学と実務の組み合わせ

入社後は、まず研修を受けます。私たちの研修では、車の操作方法や馬房の道具の使い方などをまとめたマニュアル（ドライバー新人マニュアル）、馬運車の操作方法や顧客とのやり取りなどをまとめたテキスト、それらの内容を分かりやすくまとめた研修用ＤＶＤの３つを使って仕事の内容を学びます。

これらの資料を使って、初日は座学で知識を習得します。並行して、実際に馬運車に乗って運転技術の研修を行います。研修日程は、座学は初日だけで、2日目からは馬運車に乗って学びます。現場に重点をおいた実践的な内容であることが私たちの研修の特徴です。研修用の資料をつくったのは2022年です。それ以前は、車や馬の予備知識なしで初日からOJTが始まり、先輩が後輩にあらゆることを口頭で伝えたり、実際に見せて覚えたりする方法が主流でした。2日目から実務研修になる今の研修が実践的だとすれば、初日から現場に出る以前の研修は超実践的だったのです。

ただ、この方法は先輩から教わったことをすべて記憶しなければならず、メモなどに残すこともできません。そこでマニュアルやテキストのような資料をつくり、先輩から学ぶと同時に、自分でマニュアルを見直したりテキストを使って復習したりできるようにしました。復習ができれば学んだことが定着しやすくなります。予習ができれば先輩からの教えがさらに頭に入りやすくなります。そのような狙いで、資料を使う座学を行うことになりました。

また、研修については、座学で知識を増やすよりも、トラックに乗り、馬に触れながら学んだほうが良いという考え方も根強くあります。現場では教科書に書いていないことが起きるため、そのほうが実践的だと考えられているのです。私自身もドライ

敷地内の駐車場での研修の様子

バーとしてのスタート時には研修がなく、いきなりＯＪＴで学び始めました。実践的という点ではその方法も良かったのですが、一方で、教わる内容が感覚的で、研修があったほうが良いと感じました。その経験を踏まえて、今の研修制度をつくりました。研修は新人にとって安心感を与える側面もあります。いきなり現場で車を動かしたり馬に触れたりするよりも、座学で予備知識を持つことで理解が深まります。基礎を言語化して理解することで、理屈が分かり対応しやすくなります。新人が成長して後輩に教える立場になったときも、理屈を知っていると感覚ではなく理屈で教えられます。さらに、馬匹輸送はニッチな仕事で不安を持つ応募者も多いため、新人研修が充実していることが応募者の安心感となり、応募を増やすことにもつながります。マニュアルとテキストの内容は、現場作業の手順や注意点について現役のドライバーたちに聞き、その内容をまとめたものです。私たちの経験則と知見を詰め込んでおり、リモートワークで事務作業などを担当している部門が中心となって制作しています。

さらに、現役のドライバーのほか、退社したスタッフからの意見や知見も取り入れています。馬匹輸送は特殊な業種で知見を持つ人が少ないため、ＯＢやＯＧの方々は貴重な存在です。マニュアルづくりのほか、新人向けのドライバー研修でもＯＢがトレーナーとして協力してくれています。マニュアルはボリュームがあり、分かりやすさを重視して写真や絵も多く使用しています。ビジュアルが多いと理解が深まりやすくなります。「ゲートのレバーを引き上げて右側の取っ手を右にひねる」といった文章での説明よりも、写真などで手順を示すほうが直感的に理解できます。

競馬業界全体を見て仕事の価値を理解

座学は、最初にＤＶＤを見て馬匹輸送とドライバーの仕事の全体像をつかみます。ＤＶＤには、コミュニケーションの重要性や注意点なども含めています。その後、マニュアルを１ページ目から順番に進めていきます。マニュアルの最初の部分では、道具の名前や馬の扱い方について学びます。例えば、２ページ目には馬の扱い方に関するページがあり、馬の真後ろや真正面に立たないこと、急にドアを開けたり大きな音を立てたりしないことなど、安全を守るための基本事項が記載されています。また、馬に関する基礎知識として、馬匹輸送で使う道具も覚えます。例えば、馬運車関連では、タタミ、尻板などの名前と役目を覚えます。馬関連では、メンコや肢巻《しま》きなどの使い方を覚えます。

馬についての基礎知識を学んだら、次に馬運車の構造について学びます。馬運車は特殊な仕様になっており、トラックやバスの運転経験がある方でも見慣れない装備が多くあります。それらの名称と役割を覚え、操作方法を学びます。

積み降ろしの方法も学びます。具体的な方法は現場で実践しながら身につけますが、事前に手順を頭に入れておくことで、現場での研修も理解しやすくなります。マニュアルはいつでも読み返せるため、現場で学んだことを復習して理解を深めることもできます。馬匹輸送は専門用語が多いため、それらを1日で覚えることはできません。これらの基礎知識を頭に入れながら、現場で実際にタタミを立てたりメンコをつけたりして実践的に学んでいきます。研修に使う資料は、ドライバーの声を聞きながらまとめています。道路交通法の改正などによって学ぶ内容が変わることもあるため、資料の内容は定期的に見直しています。

座学では、競馬の専門用語も含めています。また、競走馬を育てる調教師や厩舎といった全体の仕組みについても学びます。ドライバーの中には競馬をしたことがない人や、興味がない人もいます。それ自体は直接的には仕事に関係しません。ただ、競走馬を運ぶ仕事である以上、社外の人とのコミュニケーションでは競馬用語が出てくることもあります。その際のコミュニケーションに困らないように、競馬に関する基本的な用語は覚えることを推奨しています。

また、競馬業界について知識が深まると、自分の仕事が競馬というエンターテインメントにどのように貢献しているかも見えやすくなります。ドライバーとして目の前の役割である運転や馬の扱い方を高めていくことは大事ですが、大きな視点で俯瞰しながら、自分の仕事が、誰に、どのように役立っているかを知っておくことも大事です。それが分かると仕事に取り組むモチベーションが高まります。自分が馬を無事に届けることが、大勢の競馬ファンを楽しませていると分かり、責任感も強くなります。

現場視点でトラックの扱い方を学ぶ

次にテキストで学びます。テキストは、バッテリー上がりの対処法、出発前のトラック点検、高速道路を走行しているときの注意点、タイヤ点検の方法など、輸送現場で必要な内容をまとめたものです。後半には依頼者とのコミュニケーションについてもまとめています。マニュアルが馬匹輸送の概論であるとすれば、テキストには現場視点の実践的なノウハウが記載されています。例えば、馬匹輸送では馬が眠ってしまうくらいの「柔らかい運転」を目指します。しかし、トラックはマニュアル車なのでシフトチェンジで揺れが発生します。その解決策などもテキストにまとめられています。

具体的には、トップスピード（4速）まで早くつなぐことが推奨されています。2速で引っ張ってからシフトアップするドライバーも多いですが、その時間を短くして早くつなぐことが重要です。短い区間（テキスト上では13メートル程度としています）でトップギアまで入れることで、それ以上は減速時以外にギアをあまり触らなくてよくなり（一般道では、最高で5～6速まで使用）、安全に走行できます。シフトチェンジは片手運転になるため危険で、その間に不意に危険な場面に遭遇すると対応が遅れることがあります。安全面では、トラックの死角が大きいことも理解しておく必要があります。死角は運転席からどうやっても見えない角度や範囲のことで、馬運車は大きいため死角も多く、広いのが特徴です。前方はキャビンが高く、運転席からの視点が3メートル前後になるため、真下が死角になります。左右はミラーに映らない場所、後方は基本的にすべて死角で、バックモニターに映らない場所もあらかじめ確認しておく必要があります。死角を把握することで事故防止につながります。事故にならなかったとしても、急に死角から人や車が現れることで急ブレーキの原因となり、馬を驚かせたり、馬が転んだりよろけたりしてケガをするリスクが高まります。

ドライバーの評価は会社の評価

テキストの後半では、ドライバーの行動規範も定めています。依頼主への接し方や仕事をする際の身だしなみなど、輸送事業ではこれが非常に重要です。荷主は会社に輸送を依頼しますが、実際に担当するのはドライバーです。対面してやり取りするのもドライバーであり、荷主に与える印象が大きいといえます。コミュニケーションの良し悪しによって輸送作業がうまくいくこともあり、会社の評価にもつながります。私たちはドライバーが営業担当者の役目も持っていると位置付け、セールスドライバーと呼んでいます。セールスドライバーには、現場で以下の3つのものを獲得してもらいます。

1つ目は依頼者からの信用、2つ目は市場やニーズや困りごとに関する情報、3つ目は客先での良い評判です。これらを獲得することで次の依頼につながり、ドライバーのやりがいも高まります。例えば、信用されれば困りごとの相談を受けやすくなり、新しい提案ができるようになります。依頼者がどのように困っているかを聞き出すことで、より効果的な提案ができ、喜ばれます。その評価の積み重ねで、私たちの会社も、ドライバー個人も評価が上がります。すると、次回も依頼したい、あのドライバーに頼みたいといった指名での仕事の獲得になり、やりがいを実感できます。

私たちは会社の評判と成長も大事にしていますが、その根幹であるドライバー個人としての市場価値を高めてもらいたいと考えています。優秀な個人が集まれば、会社の力も高まります。優秀な人には長く勤めてほしいと思っていますが、さまざまな事情で転職する人もいます。ドライバー業界は流動性が高く、社会的にも転職が珍しくないため、辞める人がいるのは仕方がありません。しかし、そうであっても新しい会社で価値を発揮してほしいと思います。私たちの会社で学んだ良いことを他社で普及してもらうことで、業界全体の底上げに貢献したいと考えています。そのためにも、自分を高め、個人として評価されるドライバーを目指してほしいのです。その内容をテキストに盛り込んでいます。

自分たちの存在意義を明確にする

マニュアルやテキストとは別に、座学として企業理念なども学びます。これらは輸送作業には直接的には関係しませんが、何のためにどのように仕事をするかを理解することにつながります。企業理念は、企業がなぜ存在するのか、なんのために事業をするのかを社内外に向けて明らかにするものです。私たちは、社会にとってプラスの影響を与える企業として、人間として成長しつづける集団をつくること、最善の上にある最善を目指して行動しつづけることを掲げています。この内容が社内に浸透することで、会社としての判断基準が理解されやすくなります。個人として大切にする意識や、仕事との向き合い方も明確になります。

また、会社全体として価値観を共有でき、一体感を醸成しやすくなります。特にトラックドライバーは転職が多いため、それぞれが前職でのやり方や考え方に固執してしまいます。現場でも個人行動が中心となり、一体感が醸成しにくいのです。こういう職種こそ企業理念を通じて価値観を統一することが重要です。それが業務の質のばらつきを抑えることにつながります。社外に対しては、企業理念を通じて会社としての社会的価値を感じてもらうことができます。企業の評価は、通常は商品やサービスなどで判断されます。しかし、質と価格が同じ商品でも、「たくさん稼ぐため」につくっている会社と、「地域や業界を発展させるため」につくっている会社とでは評価が異なります。そのような背景を伝えるのが企業理念で、会社の思想、価値観、姿勢といった魅力を伝える役割があるのです。それらが周囲の会社に伝わることで共感と協力を獲得しやすくなり、より広く理解されることで、存在価値がある会社と認められ、ブランドイメージが高まっていきます。

馬匹輸送は、ドライバーが数日かけて現場を回り、そこではさまざまな判断が求められます。社外の人との接点も多くあります。彼らの仕事や言動によって会社の評価が変わるという点で、彼らは会社を代表する存在です。その点でもドライバーが企業理念を理解していることが重要です。企業理念として「人間として成長しつづける」と掲げる一方で、ドライバーが手を抜いた仕事をすれば、ドライバー個人のみならず企業の評価を下げることにつながります。そのような矛盾を防ぐためにも、企業理念を日々の仕事や行動にまで浸透させることが重要です。現場には自分たちしかいないため、企業理念があらゆる判断の指針となり、こういうときに会社はどう判断するか、この行動は会社の一員として適切かといったことを自律的に考えるようになります。

企業理念は会社のウェブサイトにも掲載しています。これは、これから入社を考える人に向けたもので、応募前にあらかじめ知ってもらうことにより会社の考え方に合う人を集めやすく、合わない人を減らしやすくなります。これにより採用のミスマッチを防ぐことができ、入社してから価値観や考え方のズレを感じたり、そのせいで辞めてしまったりするリスクを抑えられるのです。

経営理念で一体感を醸成

企業理念を深く浸透させるためには、仕事を通じて何を提供し、どのような組織を目指すのか、何を大切にして仕事をするのかを明確にすることが重要です。これらは、ミッション、ビジョン、バリュー（ＭＶＶ）として多くの企業が掲げています。最近では、企業理念の代わりにパーパスを最上位の考え方として掲げ、そこからＭＶＶに落とし込む企業も増えています。

私たちは、企業理念のほかに、経営理念と行動理念を掲げています。経営理念は、経営者や経営幹部が大事にしている考えを示すもので、事業を成長させるための指針となります。これにより経営方針がブレにくくなり、スタッフからの指摘も受けやすくなります。また、スタッフも経営層の目指す姿を理解し、自分たちの業務の目標を考えやすくなります。私たちの経営理念では、依頼主に「うちの馬は絶対に大江運送に運んでもらう！」と思ってもらえる会社を目指しています。このような方針を明確に示すことにより、ドライバーは依頼主に選んでもらうための工夫を自主的に考え、実行しやすくなります。企業理念は会社の根底に流れる恒久的な考え方を示すため、長期的に継続されることが多いです。一方で経営理念は、経営者が大切にする考えを反映させたもので、経営者が変わるとともに変更されることがあります。また、時代の変化や経営環境の変化に応じて見直されることもあります。例えば、コロナ禍は大きな社会変化をもたらし、働き方や生活スタイルが変わりました。ＳＤＧｓ、ＥＳＧ、ＣＳＲといったキーワードが注目されるようになり、環境問題の重要性も高まっています。経営理念は、こうした社会の変化に適応し、社会課題の解決に向けた貢献を反映することが求められます。これにより新たな企業の価値が生まれます。事業活動は社会情勢や経済状況、市場環境など多くの外的要素に影響されます。持続可能な経営を実現するためには、これらの変化に適応することが重要です。

私たちは、企業理念、経営理念に加えて、行動理念も掲げています。また、ドライバーに特化した行動指針として、10カ条のドライバーの心得も設けています。

企業理念や経営理念は抽象的で高い視座からの表現になりやすいため、日々の業務とのつながりが見えにくくなることがあります。行動理念はその間を埋めるもので、目指す姿や取り組みの具体的な内容を示します。行動理念では、例えば、「お互いの知識・技術・経験を分かち合い、レベルアップを図ること」を掲げています。これは企業理念にある「最善の上にある最善を目指す」を具体化したものです。また、「感動を呼ぶサービスを常に考え、誠実・誠意・安全・安心の面で期待を超えるサービスの提供を追求」することを明言しています。これらは依頼主に「うちの馬は絶対に大江運送に運んでもらう！」と思ってもらえる会社を目指すという経営理念を行動面で補完しています。

これらの理念は新人研修で伝えられますが、短期間ですべてを覚えることは難しいため、ドライバーには折に触れて振り返り、基本的な考え方を身につけてもらいます。また、実務研修でも理念を振り返り、反復するのがよいでしょう。理念は仕事の原理原則ですが、業務が忙しくなると忘れがちになります。そのため、意識的に振り返る機会を設けることが重要です。会議で触れたり、年始や年度末に経営者が会社全体にメッセージを発信する機会などで取り上げたりするのも良い方法です。

▽**企業理念（COMPANY　PHILOSOPHY）**

企業は人材から成るものであり、人間として成長しつづける集団をつくる事こそが成長しつづける企業を創る事となる。

最善の上には最善がある。改める点があれば改める。常に現状に満足する事無く、更に上を目指し考え行動しつづける事がお客様の感動を呼び存続に値する企業でありつづける事となる。

企業は社会の公器であり、社会にマイナスな企業は存在すべきでない。社会にプラスに働いてこそ存在する価値がある。

▽**経営理念（MANAGEMENT　PHILOSOPHY）**

私達は最高の技術・サービス・誠意で安全・安心・感動をお届けし、お客様に「うちの馬は絶対に大江運送に運んでもらう！」と、全てのお客様に心から思っていただける会社を目指します。

私達はお客様の満足・感動を通じて仕事に自信・誇りを持ち、より良い生活・家族の幸せを実現し、働き甲斐のある会社づくりに努めます。

私達は競走馬輸送事業を通じて、地域・社会に寄与します。

▽行動理念（ACTION PHILOSOPHY）

それぞれの知識・技術・経験を分かち合い、お互いをレベルアップさせる事により、お互いの安心・お客様の安心を生み出す。

私達がお客様の為に何が出来るのか、どうすれば感動を呼ぶサービスを提供出来るのかを常に考え話し合い生み出していく。

大江運送を利用しつづけて頂く為、誠実・誠意・安全・安心を運び、期待を超えるサービスの提供を追求しつづける。

お客様に満足・感動を与える仕事をする事により、誇りを持ち自信に満ちた人生を送る。

お客様・地域社会に愛され、働き甲斐のある会社作りに努める事により、より良い安定した生活・家族の幸せを実現する。競走馬輸送事業を通じ、誠実・誠意を持って地域社会・教育に関わり、豊かな未来作りに寄与する。

それぞれが責任を持ち、自分がその時々の全責任者であるという意識のもとに判断・行動する事で、より正しく良い結果を生み出す。

お客様や社会に感謝し大切にする事。謙虚さを忘れない事で自らを成長させ、多くを愛し多くに愛される事の出来る人格形成に努める。

互いを認め合い尊重し合う事により信頼関係を築き、互いの欠点を補い合える人間関係を築き、衆知を集め一体となって問題に取り組む。

（参考）ドライバーの10の心得

1. コミュニケーション：運転者同士は常にコミュニケーションを取り、互いの状況を共有することが重要です。トラック運転は単独作業ではなく、チームワークが求められます。同乗者は、運転者同士のコミュニケーションをサポートし、運転中に生じる問題に対処するために役立つ情報を共有することが重要です。

2. **運転の交代**：長距離運転の場合、運転者は交代しなければなりません。同乗者は、運転する際の準備をしっかりと行い、運転者交代時にスムーズに切り替える必要があります。

3. **食事や睡眠**：トラック運転は疲れやすく、長時間の運転後には適切な食事や睡眠が必要です。同乗者は、適切な時間に食事や休憩を取るように調整し、運転者が十分な睡眠をとれるようにサポートする必要があります。

4. **清潔な環境**：トラック内は閉鎖された空間であり、清潔な環境を保つことが必要です。同乗者は、定期的にトラックを掃除し、備品を整理整頓することで、快適な環境をつくり出すことができます。

5. **安全運転**：運転者同士は常に安全を最優先に考え、交通ルールを守り、安全運転を心掛ける必要があります。長距離トラックは高速道路を走行することが多く、危険な状況が発生する可能性があります。運転者同士が連携し、危険を回避するための対策を打つことが重要です。

6. **荷物の確認**：トラック運転において、荷物が正しく積載されているかを確認することが重要です。同乗者は、荷物（馬）の積み降ろしに協力し、荷物が道中も安全に輸送されるように確認する必要があります。

7. **気象条件の確認**：天候が悪い場合は、トラック運転に大きな影響を与えます。同乗者は、気象条件を常に確認し、運転者に必要な情報を提供することが重要です。

8. **トラブルへの対応**：トラック運転中にトラブルが発生することがあります。同乗者は、トラブルが発生した場合に適切な対応を取り、素早く解決するように努めることが重要です。

9. **ケガについて**：同乗者、馬ともにケガをしない・させないことを重要視し、常に安全に配慮しケガなく運行を終えて、待っている同僚や家族のもとに帰ることが重要です。

10. **体調不良時**：同乗者同士がお互いの体調に気を配ることはもちろん、自身が体調が悪いと感じたときは、すみやかに同乗者に相談し最悪のケースを未然に防ぐよう、運転の交代をしてもらうなどの対応をすることが重要です。

スラロームで感覚をつかむ

実務研修は、入社後２日目から始まります。座学は初日だけで、２日目からは実際に現場に出て、馬運車を使った実務研修を行います。馬運車の運転は感覚的な要素が重要です。頭で知識を覚えるだけでなく、体の感覚で実技を覚える必要があります。特に馬運車は車幅が大きく、全長が12メートルもあるため、感覚を磨くことが必要です。だからこそ、実務研修が重要なのです。実務研修は実際に馬運車に乗りスラロームの練習から始めます。会社の敷地内にある広い駐車場を訓練場として、カラーコーンを置いて蛇行運転を行います。約10メートル間隔にカラーコーンを設置し、当てないように速く走らせる訓練です。馬匹輸送は「柔らかい運転」が求められるため、この練習でハンドル、ブレーキ、ギアのつなぎ方、クラッチの踏み方を身につけます。慣れてきたらスピードを上げていきます。スラロームの練習は午前と午後合わせて１日５時間ほど行い、３日間続けます。ほとんどの人は３日目には感覚をつかみ、早い人は半日で乗りこなせるようになります。

スラローム練習

スラロームは、最初の1回はトレーナーが一緒に乗って練習コースを走りますが、2回目以降はドライバーに任せて、好きなように動いて感覚を身につけてもらいます。トレーナーは外から見ながら、気づいたことをアドバイスしたり、質問に答えたりして練習を支えます。

運転技術で重要なのは本人の感覚なので、いくらトレーナーがアドバイスしても、最終的にドライバー本人が感覚を体得しなければ上達しません。私たちは現場主義で、業務では担当ドライバーに裁量を与えていきます。判断も行動も任せています。

学びも同じで、ドライバーの自主性を重視しています。

また、運転には癖があり、異業種でのドライバー経験を持つ人はその癖がついていることが多いといえます。例えば、急発進する人もいますし、ギアチェンジでガクンとなる人もいます。それはほかの輸送業では良いかもしれませんが、馬匹輸送では不合格です。

道路事情は常に良くなっている

スラローム訓練をクリアしたら、会社の外に出て一般道で研修を行います。会社の周辺は牧場がある山の中で、適度なアップダウンはありますが、道幅が広く、練習に適しています。ここでの運転を2、3日行い、徐々に交通量の多い道を走ります。研修開始から1週間ほど経ったら札幌や苫小牧までの区間で高速道路での研修に入ります。昔と比べると、道路環境は運転しやすくなっています。昔は道路がガタガタで、慎重に運転するため時間がかかりました。今は5時くらいに出発しますが、当時は日高から函館まで7時間ほどかかっていたため、2時、3時に出ないとフェリーに間に合いませんでした。揺れるうえに時間がかかり、馬にもストレスがかかりました。また高速道路のネットワークも広がりました。かつては盛岡から浦和までしか高速道路がなく、常磐自動車道もなかったので、東北地方を通り抜けるのが大変でした。

車の性能も向上しています。昔は馬運車の性能が低かったため、途中で故障することもあり、自分で調子を見ながらそのまま目的地を目指すか、途中で修理工場に行くか判断しながら輸送を行っていました。今は故障が減り、クーラーも高性能になったため馬が体調不良になるリスクも小さくなっています。さらに、育成牧場での馬の健康管理や人に慣れるための訓練レベルが上がっています。馬そのものが強くなり、健康面を含めトラブルが減りました。このような背景があって未経験者でも馬匹輸送のドライバーとして活躍できる環境が整っています。

牧場の協力を得て馬の扱いを学ぶ

運転と並行して馬の扱いについても学びます。馬についても、まずは知識を習得し、次に実践で身につけます。私たちの会社には馬がいないため、近くの協力牧場から乗馬用の馬を借りて練習を行います。馬を引いたり、足巻きやメンコといった馬につける装具を実際に装着したりする練習を行います。積み降ろしについては研修後に実践で学びます。尻板の置き方、ロープのつなぎ方、馬が緊張している場合の対処法などを業務を通じて学びます。まず新人に教えるのは、逃げ場を確保することです。馬が突然暴れる可能性があるため、触る必要がないときは常に一定のスペースを確保します。馬が暴れたときにどこに逃げるか、どの方向に向かえば安全なスペースがあるかを頭に入れてから馬に接します。初めて馬を見る人は怖がることが多いですが、それが適度な緊張感を生み、安全意識を高めます。しかし、怖がりすぎると馬に伝わり、余計にちょっかいを出されることもあります。そこで、嘘でもよいので、自信を持っているように振る舞うことが大切です。

馬の感情を見るトレーニングも行います。馬は自分の気持ちや心理を何かしらの合図で示します。例えば、飼育スタッフの姿が見えなくなったり、一緒に積まれていた馬が途中で降りたりすると、馬は寂しさを感じることがあります。それを察して、「大丈夫だよ」「寂しくないよ」と気持ちを伝えるようになだめます。馬の動きや表情にアンテナを張り、感じ取ることが重要です。

トラブル対応のジレンマ

ここまでの研修を終えると、現場に出て輸送に携わります。最初は先輩2人の助手として仕事を覚えます。助手デビューは平均で1カ月から2カ月ほどですが、早い人では2週間で現場に出ることもあります。業務を通じて、研修で学んだことをさらに実践的に学ぶことができます。車の運転席には、例えばモニターや特殊な設備が備わっており、それらの使い方をOJTで先輩から学びます。一緒にいる先輩に質問する機会も多くあります。車の整備も含め、先輩からの教えを受けながら学びます。有名な馬を運ぶこともあり、そのプレッシャーにも打ち勝つ必要があります。現場では突発的なトラブルも起きます。研修では経験できないトラブルに対応するため、現場での経験が重要です。例えば、パンクやクーラーの故障、馬の体調不良など、さまざまなケースに対応するスキルを身につけます。

ただ、車の質や馬の管理が向上しているため、トラブルの総数は減っています。私たちとしても、理想はトラブルがないことで、そのための「予防」を重視して昔から知見を積み上げています。馬を暴れさせないための対策があり、体調不良を防ぐためのノウハウも積み上げられています。これはトラブルが減ったという点で良いことですが、逆にいうとトラブル対応の経験ができません。成長という点では、そこにジレンマがあります。トラブル対応の現場がないため、机上の空論でしか身につかないわけです。

だからこそ、先輩の話をリアルに聞けるかが大事です。トラブルは簡単にいえば非日常の出来事ですので、その体験談を日常的に聞くことで、リアルに想像してトラブル対応のイメージを膨らませていくことが重要なのです。

一人前になるための課題

助手の期間は3カ月ほどです。助手は複数いるため、次に誰が担当ドライバーになるかを社内で会議して決めます。助手の卒業が決まると独り立ちし、先輩と2人で業務に当たります。しかし、独り立ちしてからも学ぶことは多く、つまずきやすいポイントもいくつかあります。車に関しては、つまずきやすいポイントが2つあります。

1つ目は、運転技術です。馬運車はマニュアルで、研修時から練習しても、ギアチェンジをタイミング良く滑らかにするのは難易度が高いといえます。丁寧な操作を意識し、反復練習によってマニュアル車特有のガクンという揺れが起きないギアチェンジを習得しなければなりません。

2つ目は、道を覚えることです。カーナビゲーションが普及している現代では、「ナビがあれば安心」と考える人が多いのですが、私たちは基本的にナビを使いません。ナビは乗用車サイズを基本としているため、大型トラックが通れない道を案内することがあるからです。ベテランは頭にさまざまな道の情報が入っているため、目的地や、その途中の立ち寄り先などを見て、自分でルートを計画できます。馬の負担が最も少なく、なおかつ目的地に時間どおりに着く道を選ぶことができ、段差が多い道や揺れる道を避ける迂回ルートも頭に入っています。一人前になるためにはこのようなルート選択の技術を高める必要があり、道を覚えるまでに数年かかることもあります。

ドライバーを支えるバックオフィス

安全で高品質な輸送を実現するためには、配車係などのバックオフィスの支えが欠かせません。私たちの会社には、営業、経理、総務、配車などの部門があります。特

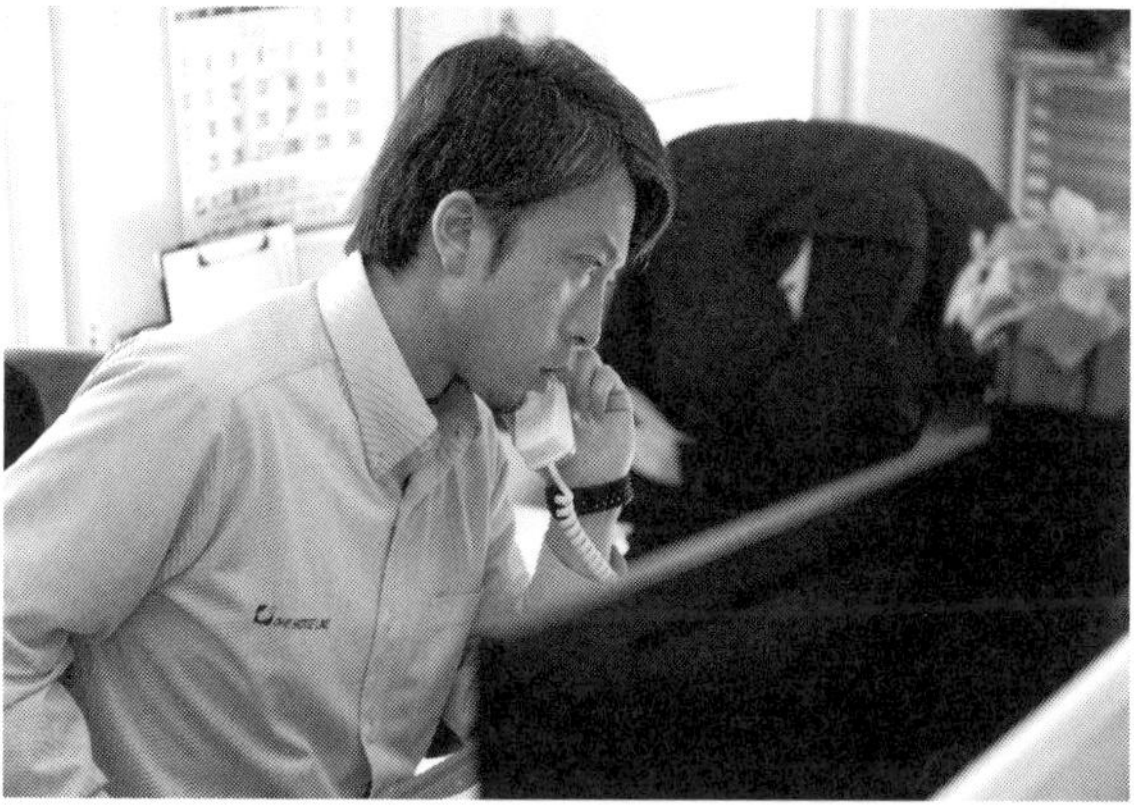

本社では複数の部門がドライバーの活動を支えている

組織図

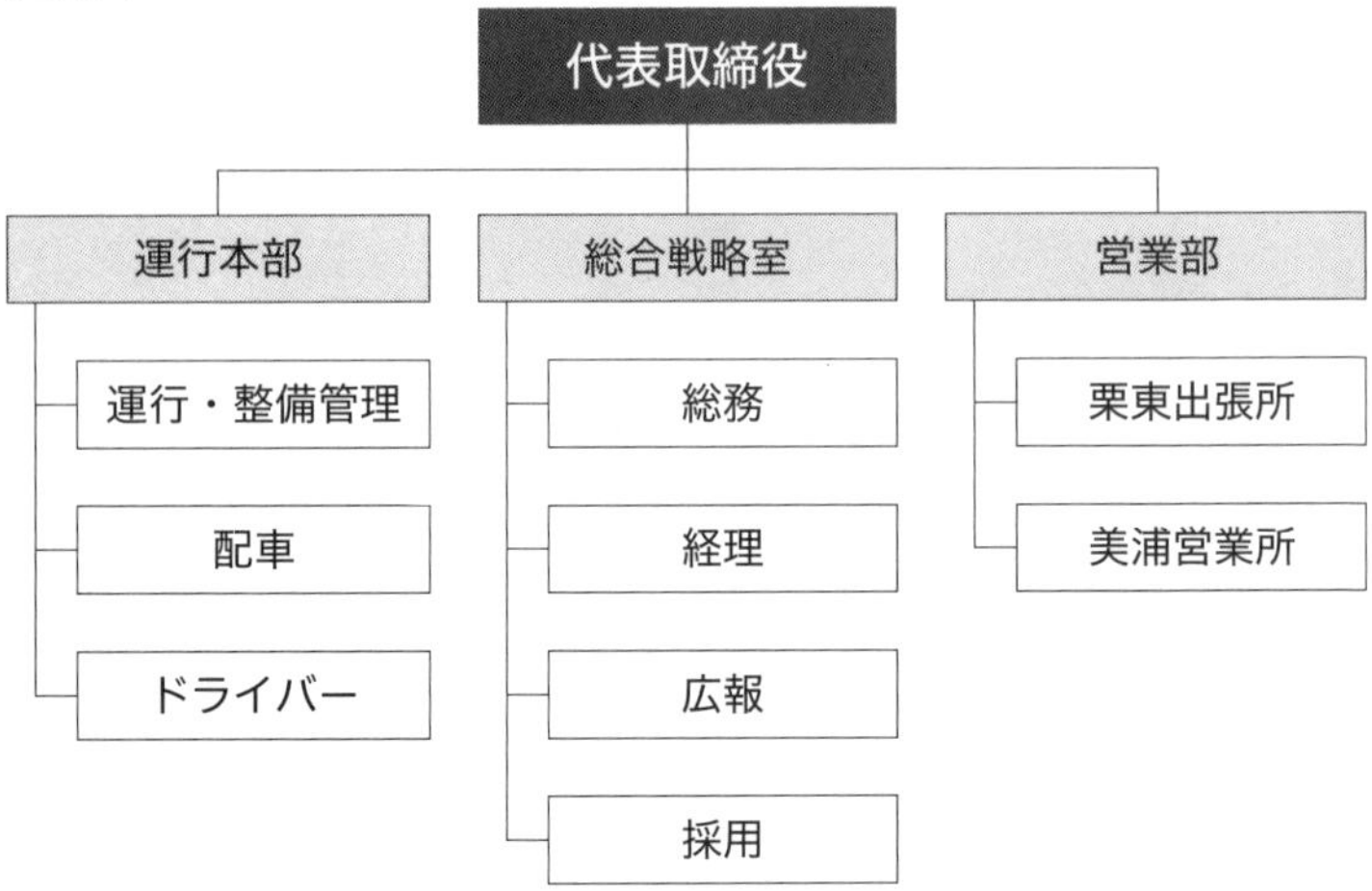

に馬匹輸送で重要なのは配車部門です。配車係は馬運車の運行スケジュールを管理し、円滑な輸送を支える根幹となります。

馬匹輸送全体の流れを見ると、まず営業担当者が依頼を受けて、いつ、何頭の馬を、どこからどこまで運ぶかを会社に伝えます。依頼は複数あり、配車係が直接受ける依頼も多数あるため、配車係がそれらを取りまとめ、どの馬運車でどの馬を運ぶかを整理します。配車係は、各牧場で積み込む馬の順番も事前に決めます。この業務はパズルのようで、効率の良い運行計画をつくることが会社の利益に直結します。

私たちの会社では、この業務をドライバーとして10年以上の経験を持つスタッフが２人で行っています。輸送スケジュールを計画する際には、道中で起き得るさまざまなトラブルやリカバリー方法を知っておく必要があり、ドライバー時代の経験が活かされます。

計画が決まればドライバーに連絡し、輸送業務が行われます。無事に輸送が終われば、経理担当者が依頼者への請求業務や、ドライバーの輸送時の経費精算などを行います。総務担当者は、業務に必要な備品の管理や、新人ドライバー向けの育成計画などに携わりながら、業務を支えています。

また、私たちの会社では、YouTube動画で会社や馬匹輸送の業務内容を紹介するなど、新しい取り組みも行っています。さらに業務のデジタル化も検討しています。これらの新しい取り組みは、既存の部署の業務に当てはまらないことが多いため、総合戦略室を設けて担当しています。

採用チャンネルを増やす

ドライバーと、ドライバー業務を支えるバックオフィスの機能を高め、会社として成長を続けていくためには、スタッフの能力向上と、人数の確保を両方行っていく必要があります。能力向上に関しては、研修内容を改善しながら効果的な育成環境をつくることに努めています。一方で、私たちは人を増やすことにも力を入れています。人を増やすための施策には、採用と定着の2つのアプローチがあります。採用によって優秀な人材を増やし、定着率の向上によって人材が長く勤めたいと思う職場環境をつくります。

採用に関しては、私たちは年間を通じてドライバーやバックオフィスのスタッフを募集しています。ドライバー募集を例にすると、応募者の属性が多様化しているのが特徴です。以前はドライバー経験がある人が多く、応募者もそのほとんどが近隣や北海道内の人でした。しかし、募集対象を地元だけに絞ると応募者の数が限られてしまうため、ほかの地域にも対象を広げ、求人広告の範囲を拡大しました。その結果、現在は他県からの応募者が増えています。また、2022年には他県から北海道に移住しやすいように、単身寮を建設しました。これにより、東北から九州まで全国各地から応募者が集まるようになりました。応募者数の推移を見ると、2020年には15人だった応募者が、2022年には39人に増えました。その後、馬匹輸送の仕事内容を広く知ってもらうためにポッドキャストやYouTubeを始め、これらも応募者の増加につながり、2024年8月末時点で47人となっています。馬匹輸送は知名度が低い業種であるため、情報発信の幅を広げ、潜在的な応募者層との接点を増やすことが重要です。

応募者が増えるにつれて、採用基準と採用プロセスの整備も行っています。私たちは書類選考と面談を行い、面談はリモートで実施します。面談では、経験や経歴、運転技術、馬への興味などを確認しますが、特に重視するのは人間性です。人間性という言葉は抽象的ですが、簡単にいえば、積極性、協調性、自主性を求めています。これらの素養を見抜くために、採用に強いコンサルティングファームとともに面談の質問内容を考えています。運転技術や馬の扱いは入社後に習得できるため、経験がなくても問題ありません。そもそも馬匹輸送の経験者が応募してくることはほとんどないため、これらの技術は入社後に習得することを前提としています。

言い換えると、スタートラインは全員同じで、入社後にどれだけ早く技術を習得できるかが大事だということです。そこで重要なのが人間性です。積極的に学ぶ人は成長が早く、協調性がある人はチームとともに成長できます。自主性に富んだ人も成長が早く、自分と会社の成長のために何が必要かを考え、提案することができます。また、入社してから多くを学ぶため、年齢面では、できるだけ若いほうが長く活躍できます。ドライバーは7〜8年で一人前になると考えると、50代の場合、一人前になったときには定年が目の前になってしまいます。その点から考えて、活躍できる期間が短いベテランよりも、未経験でも長く活躍できる若いドライバーの採用が重要で、彼らが成長しやすい育成の仕組みに継続して力を入れていくことが求められます。

採用の施策としてYouTubeなどによる情報発信を始めたのも、若い層に馬匹輸送を知ってもらい、興味を持ってもらう狙いがあります。自社のウェブサイトや採用サイトでの募集も継続していますが、近年ではTikTok、Instagram、X（旧Twitter）などのＳＮＳも活用しています。実績として、直近ではバックオフィスのスタッフをこれらのチャンネル経由で採用しました。また、求人サイト経由の応募でも、ＳＮＳ

を見た、YouTubeを見て興味を持ったという人が増えています。

つながりを強化して定着率を高める

スタッフ数の増員では、採用だけでなく、定着率向上の施策も重要です。現在、年間6～8人のドライバーを採用していますが、そのうち半分は仕事が難しい、イメージしていた業務ではなかったといった理由で辞めてしまいます。ドライバーはもともと流動性が高い職種ですが、定着率向上は私たちの大きな課題です。

定着率向上のアプローチはいくつかあります。待遇面では報酬が重要です。私たちは2024年問題での収入減をなくすという目的も含め、2023年にベースアップを実施し、今後も給与を上げていく予定です。業界的にもドライバーの年収は上昇傾向にあり、私たちはその動きを先導する意識を持って対応しています。背景を少し説明すると、業界特性として、ドライバーの報酬は過去二十数年にわたって運賃が上がっていなかったこともあり、ほとんど昇給ができませんでした。

しかし、それでは人は集まりません。中小企業の人手不足が深刻化していく中で、生き残っていくためには報酬を上げていくしかありません。その分は輸送費として依頼者の負担増になりますが、人がいなければ事業が成り立たず、輸送ニーズにも応えられなくなります。その点を依頼者にも理解してもらうしかありません。

スタッフの定着では、エンゲージメントを高めることも重要です。エンゲージメントは、従業員と会社が相互に貢献し合う関係を築くことを意味します。つまり心理的なつながりを強めることで、給料など待遇の改善が物理的なアプローチであるとすれば、エンゲージメントは心理的なアプローチを通じてスタッフの定着率向上を実現します。

エンゲージメントと似た言葉に従業員ロイヤルティがありますが、これは従業員から会社に向けた忠誠を意味し、関係性としては企業の立場が強いといえます。また、従業員満足度（ＥＳ）も似た意味を持ちますが、これは反対に、会社が福利厚生など

YouTubeのサムネイル

Instagramの画面

を充実させる考え方で従業員の立場が強くなります。エンゲージメントは、個人と会社がお互いに貢献を約束する関係性であるため、一方通行の関係性になりやすいこれら2つと比べて、対等な立場でより強固な関係を築くことができます。

　エンゲージメント向上の取り組みでは、例えば、仕事のやりがいを実感しやすくする、居心地良くして長く勤めたいと思ってもらうといったことができます。また、企業理念の共有も重要です。企業が目指す姿にスタッフが納得すると、一緒に実現したい、一緒に成長していきたいといった気持ちが強くなり、定着率が高くなります。会社の成長に貢献する意欲も高くなります。ちなみに、エンゲージメントは生産性や成果と相関性が高く、エンゲージメントスコアが1ポイント上昇すると、労働生産性が1～2％上昇するという研究結果があります（厚生労働省調べ）。

物流の2024年問題が新たな経営課題

トラックドライバーの採用と定着に関しては、「物流の2024年問題」が重要な課題です。これは、端的にいえばドライバーの勤務時間に関する法改正で、2024年4月から、トラックドライバーの時間外労働が年間960時間に制限される上限規制と改正改善基準告示が適用されました。これにより、輸送能力が不足することが懸念されています。物流の2024年問題は、以前からも業界内で議論されてきました。ドライバーの労働時間短縮も経営課題として認識されていました。しかし、改正改善基準を満たしていなくても罰則がなかったため、対応が後回しにされてきました。今後は適正に対応していかなければならないため、ドライバーの勤務時間が減る分を、人員の増加などによって補う必要があります。それが難しければ受注と業務量を減らすこととなり企業によっては存続に関わる重大な問題に発展します。

対応策は、まず運賃の調整です。すでに業界全体で運賃の引き上げが行われ、私たちも約3割アップさせましたが、これでも対応力が十分とはいえません。実際にはさらに運賃を上げる必要があり、それでも対応しきれない部分があります。

次に、輸送スケジュールとシフトの再構築です。私たちは法改正とともにドライバーのスケジュールを変更しました。

2024年問題（改正改善基準告示）
トラックドライバーの場合

1年の拘束時間	
改正前	3516時間
改正後	原則3300時間：最大3400時間
1カ月の拘束時間	
改正前	原則293時間：最大320時間
改正後	原則284時間：最大310時間
1日の休息時間	
改正前	継続8時間
改正後	継続11時間を基本とし、継続9時間

競馬開催にも影響がある

ドライバーの労働時間短縮により、営業用トラックの輸送能力は2024年には14・2％、さらに2030年には34・1％不足すると予測されています。私たちの馬匹輸送業界でも人手不足により依頼に応えられないケースが増え、今までどおりの長距離輸送に応じられなくなる可能性があり、すでに影響が出始めています。

馬匹輸送を含む運送業界は以前から需要過多で人手不足でしたが、今後は依頼を断るケースがさらに増えるでしょう。依頼主が希望するタイミングで馬を運ぶことが難しくなり、結果として競馬に参加できない馬が増えるかもしれません。イメージとして、依頼者が9月中に馬を運びたいと思っていたとしても、実際には11月まで運べないといった状況が起きます。私たちとしては法律違反はできないため、依頼を断るか、運ぶタイミングを遅らせるしかないのです。その状況が悪化すると、依頼者が馬を運べず、レースに出せなくなる可能性も大きくなります。すると、馬主はレースで賞金を得る機会が減り、馬主の数が減少する可能性もあります。

物流の２０２４年問題はトラック輸送業界にとって深刻な課題です。法的規制に対応しつつ、運賃の調整やスケジュールの見直しを行いながら、輸送能力の確保に努める必要があります。競馬業界にも大きな影響を与えるこの問題に対して、業界全体で連携し、適切な対応策を講じることが求められているのです。

第5章

歴史に残る名馬も、名もなき一頭も〝重み〟に違いはない
運送業としてのプライドを貫き、業界を支え続ける

競馬と人の歴史

競馬と馬匹輸送は一蓮托生の関係です。競馬は、全国各地の競馬場に競走馬を運ぶ馬匹輸送があって成立し、馬匹輸送もまた、競馬が定期開催されることによって事業として成立しています。

それぞれの業界の発展という点でも競馬と馬匹輸送は密接な関係にあります。国内の競馬の歴史の中では、競馬の人気が高まることによって馬の輸送の需要が大きくなりました。一方では、その需要に応えるために馬匹輸送の車や輸送技術が向上し、それが競馬のサステナブルな発展につながっています。

その関係性を歴史の観点からひも解いてみると、まず日本で競馬が誕生したのは江戸時代にさかのぼります。米国からの圧力によって江戸幕府の鎖国が崩れて、横浜にできた外国人居留地で、1860年に国内初の競馬が開催されました。それから間もなくして、1866年には江戸幕府が国内に初となる常設の競馬場として、根岸競馬場をつくりました。

その後、根岸競馬場にて行われた洋式競馬を模倣して、各地で競馬が行われるようになりました。ただし、当時の競馬は、政界、財界、軍、皇室、国賓といった上流階級の人が楽しむ催しでした。また、このときの競馬は外国人による運営で、国内では法律で賭博が禁止されていたため、馬券は発売されず、一般市民には浸透しませんでした。

今の競馬の原型ができたのは１９００年代になってからです。１９３２年、競馬発祥の地である英国式の近代競馬（円形の馬場を複数の競走馬が走る競馬）を模して、東京競馬倶楽部によって東京優駿大競走が創設されました。

これは今の日本ダービーの前身となったレースで、目黒競馬場を舞台に牡牝混合で19頭が走りました。また、戦争を挟んで、今のオークスである優駿牝馬（１９４６年）、桜花賞（１９４７年）、菊花賞（１９４８年）、皐月賞（１９４９年）が立て続けに設立され、日本の5大クラシック競走ができました。その後、日本競馬会はＧＨＱによって解体され、代わりに新たな法律のもとで１９５４年にＪＲＡ（日本中央競馬会）が主催する今の中央競馬がスタートすることになったのです。

競馬は四半世紀で100倍規模に成長

ＪＲＡの発足当初から、すでに競馬は全国で行われ、その規模は広がり始めていました。ＪＲＡの資料によると、１９５４年のレース開催日は２０８日、レース数は２１２０回でした。また、競馬が全国に広がったことで競走馬の移動ニーズが大きくなっていきました。

当時の馬匹輸送は主に貨物列車で行われていました。貨車１両に４頭の馬を積み込み、それぞれを仕切りで分けて、エサや水の桶を置いていたそうです。

一方で、１９７０年代に入ると車が普及するとともに交通網が整備されたこともあって、トラックを改造した馬運車による道路輸送へと切り替わっていきます。この頃には年間のレース数も３０００回を超えるようになり、その需要を受けて、個人事業者も含む馬匹輸送の会社が増えていきました。

私たちの会社の創業もこの時期で、１９６９年11月、今の私たちの本社がある北海道の日高で、天沼隆治郎が事業を興しました。北海道は当時から競走馬の生産が盛んで、そのような地の利を活かし、馬運車による長距離輸送の事業を拡大させていくことになったのです。

馬の輸送手段が整うことで、競馬はさらに活性化していきます。競馬の売上金額を表す売得金《ばいとくきん》（勝馬投票券の発売金から返還金を引いた金額）を見てみると、ＪＲＡ発足当初の１９５４年は約１１２億円でした。この頃から国内が高度経済成長期に入ったこともあって、売得金の金額は66年に10倍の約１２００億円、78年には54年比で１００倍の約１兆１０００億円に増えています。

その後も金額は増え続け、88年に２兆円、90年に３兆円を超え、97年には過去最高の４兆円台に到達しました。それから２０１０年頃までは２兆円台に減りますが、現在は再び増加傾向にあり、直近では３・２兆円規模になっています。３兆円産業は金額が大きくイメージしにくいかもしれませんが、同規模の産業は、国内のアニメ、国内のゲーム、美容、ホテル、ネット広告などです。

現在は、ＪＲＡでは全国10カ所の競馬場で年間２８８日、１日最大12レースを実施しています。ファンも増えています。レジャー白書によると、競馬をする人（参加率）

は日本人全体の8・2%です。参加度合いの濃淡はありますが、単純計算で900万人以上が競馬を楽しんでいます。これは公営ギャンブルでは圧倒的に多く、例えば、競輪の参加率は2・1%、ボートレースは2・2%、オートレースは0・8%ほどです。参加率が高い理由としては、根強い固定ファンがいるとともに、近年はオンラインによる馬券の購入が普及していることも挙げられます。ネット投票会員数（2022年）は約600万人で、売得金の3・2兆円のうちの85%を占める2兆8000億円が電話やインターネット経由です。オンライン環境が整っているため、競馬はコロナ禍の影響もほとんど受けていません。競馬場への来場者は2020年から大幅に減りましたが、売得金額はコロナ禍でも伸びています。

また、近年は若い層や女性の競馬ファンも増えています。これはJRAが若者に訴求するプロモーションに力を入れていることの影響が大きいといえます。世の中でも、アイドルグループのメンバーが競馬番組に出演したり、「ウマ娘 プリティーダービー」などの競馬ゲームがヒットしたりしたことも若い層が競馬に興味を持つきっかけになっています。

各種目の参加率・年間平均活動回数・年間平均費用・希望率
娯楽部門

	参加率（%）	年間平均活動回数（回）	年間平均費用（合計：千円）	希望率（%）
囲碁	1.4	26.7	16.1	3.6
将棋	4.8	20.2	8.2	7.0
トランプ、オセロ、カルタ、花札など	17.7	11.0	5.5	13.1
カラオケ	17.2	7.1	11.9	21.7
テレビゲーム（家庭での）	21.2	47.9	14.5	18.6
ゲームセンター、ゲームコーナー	11.5	12.9	10.0	8.8
麻雀	5.2	23.2	11.0	8.6
ビリヤード	1.5	8.5	11.3	3.8
パチンコ	8.1	31.9	88.4	5.7
宝くじ	19.4	13.8	22.2	18.2
サッカーくじ（toto）	4.7	20.8	23.9	5.1
中央競馬	**8.2**	**31.6**	**85.4**	**9.6**
地方競馬	**3.7**	**26.8**	**64.2**	**4.7**
競輪	2.1	28.9	74.8	2.0
ボートレース	2.2	29.0	72.1	2.8
オートレース	0.8	34.2	78.0	1.3
外食（日常的なものは除く）	35.8	16.0	55.4	36.0
バー、スナック、パブ、飲み屋	10.3	10.8	55.2	11.0
クラブ、キャバレー	1.3	6.8	51.4	2.0
ディスコ	0.6	17.4	10.7	1.1
サウナ	8.6	14.7	12.3	12.9

出典：公益財団法人日本生産性本部「レジャー白書2023」（速報版）

運送業のプライドを貫く

このような数字やデータからも読み取れるとおり、競馬は、娯楽、エンターテインメント、ギャンブルとして広く浸透しています。

その運営を支える馬匹輸送は、レースを止めない、ファンを楽しませ続けるといった点で大きな責任があります。その責任を全うするため、意地とプライドを懸けて、実力ある名馬も、実力未知数の新馬も、すべて定められた時間に届けなければなりません。

責任を果たすという点では、貴重な馬をケガなく、病気させることなく運ぶために、工夫とアイデアによって輸送を継続的に改善していくことが求められます。そのためには、これから解決していかなければならない課題があります。

それは、人と組織の拡充による馬匹輸送体制の強化です。自社と業界への人の流入を促進し、その流れを太くしていくことによって、競走馬の輸送ニーズに着実に応えられるようにする必要があります。

特に重要なのがドライバーの増員です。私たちを例にすると、直近では年に8人ほどのドライバーを新たに採用していますが、今後は物流の２０２４年問題、２０３０年問題によって人手不足となるため、ドライバーの確保にはさらに力を入れなければなりません。

ドライバーの採用は、採用サイトなどを使いますが、地道な活動と根回しも重要です。私たちは、ドライバー同士のつながりを辿って馬匹輸送に興味がある人を探しています。また、腕が良いドライバーがいる、大型トラックの運転に興味がある人がいるといった情報を頼りに、声をかけることもあります。

運送業は地域の協会や集まりなどを通じた横のつながりがあり、情報交換をできる環境ができています。同業他社は、人材確保という点では競争関係になりますが、採用の取り組みや施策などに関する情報は共有することが多く、私たちが教えてもらうこともあれば、教えることもあります。

また、物流の２０２４年問題では、個社それぞれが対応や対策を考えることも重要ですが、協会として意見をまとめることにより、より大きなメッセージを発信し、国への働きかけなども可能になります。現状としてトラック協会の中でも馬匹輸送は認知度が低いため、今後はほかの運送会社などとも交流を深めながら、馬匹輸送という立場として協会や業界などでの発言力をつけていく必要性を感じています。

時代の変化を超えて馬を運び続ける

馬匹輸送業界の課題としては、私たちは競馬を支える「黒子」の仕事であり、労働市場での認知度が低いのが現状です。より多くの人を呼び込むためには、仕事の内容、魅力、やりがいなどを積極的にアピールし、馬匹輸送という業種を知ってもらう必要があります。

そのための施策として、YouTubeやSNSなどでの情報発信に力を入れています。また、これらは採用の手段にもなります。実績として、私たちはYouTubeやSNSによって若い層へのアプローチを広げ、20代のドライバーを採用しました。その中でも最も若いドライバーは、車が好きで、大きい車を運転するということに興味があり、馬運車の構造や仕組みを紹介する私たちのYouTube動画がフックの一つになりました。

人を増やしていくためには、既存の方法やツールに頼るだけでなく、新しいアイデアを考え、実行していく必要があります。特に物流の２０２４年問題は業界として初めて直面する大きな変化であるため、従来の経営の延長線では解決が難しく、旧態依然とした経営のままでは輸送が成り立たなくなります。私たちの事業が人や規模の面で縮小すれば、輸送力不足によって競馬業界全体にも影響します。

新たな施策を考え、実行していくための組織づくりとして、私たちは、業界の固定観念にとらわれない挑戦を推進することを目的とした会議体を社内につくっています。基本的なアイデアや方向性は経営層が考えますが、ベテランから新人まで幅広い層のスタッフから意見を出してもらい、新しい採用方法、職場環境の改善策、会社や仕事の魅力の打ち出し方などの施策を考える会議体です。

その中でも特に貴重なのが新人の意見です。新たに入社した人は馬匹輸送の慣習を知らないため、長く在籍している人が当たり前だと思っていることに疑問を持つことができます。私自身も、ドライバーとして入社したときには馬匹輸送業界ならではの考え方や固定化した仕事のやり方を不思議に感じ、改善が必要な点に気づくことが多くありました。

そのため、新人にはよく「今の皆さんの目線が依頼者や応募者の目線に最も近い」

「現場を見て感じたこと、気づいたことを率直に指摘してほしい」と伝えています。そのような狙いもあり、私はできる限りスタッフが自由に意見できる環境をつくるために、フランクに付き合い、スタッフと経営層との距離感がない組織づくりを心がけています。

また、スタッフの声を聞くと同時に、会社として目指していることや、現状の課題などを理解してもらうために、経営層からスタッフに多くの情報を伝えることも重要です。そのために、対面でのコミュニケーションだけではなく、例えば、四半期ごとに動画でメッセージを発信するなどしながら、双方向に声が通りやすい職場づくりにも力を入れています。

私たちにとっての当たり前が社外や業界外から見れば特異であると気づくという点で、社外の人から話を聞いたり意見をもらったりすることも重要です。業界外の企業で成功している施策を私たちが取り入れられることも多く、それが新たな採用方法を考えるヒントになることもあります。

現状、物流の2024年問題の解決につながる具体的な対策は見えていません。一方で、国内のサラブレッドの年間生産数は7000頭超で、そのうちの6割がデビューすることは分かっています。それだけの馬をトレーニングセンターに安定的に運ばなければならないことも分かっています。そのニーズに応えるために、早期に解決策を探し、見つけなければならないのです。

変化を先読みして経営戦略を立てる

馬匹輸送で競馬を支えていくためには、個々の企業が経営的に安定していることが求められます。そのためには、市場や業界の動向を常に先読みしながら、戦略を立てることが重要です。

物流の２０２４年問題を例にすると、ニュースの情報、国会での議論、国土交通省の発表などを踏まえて、会社としての戦略を考えます。私たちを含めて馬匹輸送の会社は中小企業ですので、１社で競馬を支えることはできません。それぞれが適材適所で強みを発揮できるところを見定め、分業しながら業界全体で競馬を支えていくことが求められます。

また、自分たちが最も貢献できる場所を見つけるためには、事業の選択と集中も重要です。

例えば、私たちは北海道を拠点として道内や本州に向けた輸送を行ってきましたが、今後は法改正に伴って輸送力が低下します。そのことを前提として、２０２４年からは北海道内で開催される競馬の輸送からは撤退し、美浦と栗東に向けた長距離輸送便に絞り込むことにしました。自分たちの輸送力で対応可能な業務と、馬を無事に届ける使命を確実に果たすという点を考えて、最も強みが発揮でき、貢献度合いが大きな業務にリソースを集中することにしました。

先読みの観点では、今後は馬匹輸送全体の輸送力が低下し、そのせいで地方競馬の開催が難しくなる可能性もあります。現状は、１レースの出走馬が10頭前後、１日12レースとして、１日のレースで１００頭以上の馬を運ばなければなりません。これだけの輸送力が維持できなければ、競馬の開催スケジュールそのものを見直し、頭数を減らす、レース数を減らす、開催日数を減らすといった調整が必要になるでしょう。

これは競馬業界にとって大きな変化です。私たちにとっては、道内の輸送を断ることは自ら収益を減らすことにもなります。

しかし、将来的にレース数が減っていくのであれば、それは私たちにとって依頼数が減るリスクです。競馬を支えるためには、大前提として個々の企業の経営を安定させなければならないという点で、リスクを抑えなければなりません。そのために事業を整理し、限られたリソースを有効に使える事業モデルにしていくことも大事なのです。

技術新規参入のハードルが高い

競馬の輸送需要を支えていくためには、人を増やして組織を大きくするとともに、馬運車も増やさなければなりません。その製作を担う企業は馬匹輸送に不可欠な存在です。

馬匹輸送業界の視点では、ここも大きな課題です。というのも、馬運車をつくれる架装メーカーや加工会社が少ないため、ニーズに応えるだけの生産能力が不足しているのです。輸送力を高めるためには新規参入を促進して馬匹輸送の関連企業を増やしていく必要があります。全国で見れば、トラックの架装メーカーはいくつもあります。加工会社もあります。馬運車に限らず、トラックは基本的にはディーラーでつくったそのままの形ではなく、何かしら手を加えた架装を装備しているため、その業務に携わっている会社や、改造するための工場を持っている会社であれば、馬運車製作の協力会社となってもらえる可能性は十分に期待できます。

しかし、現実には新規参入する企業はほとんど現れません。その理由は、まず馬匹輸送や馬運車製作の仕事の認知度が低く、接点が少ないからです。

協力会社不足の課題を解決するためには、これが1つ目の難所です。そのような会社は私たちのYouTubeを見る機会も少ないため、アプローチ方法を変えたり多様なメディアで露出を増やしたりしながら、馬匹輸送について知ってもらうきっかけをつくる必要があります。

例えば、北海道に来てもらえれば私たちの馬運車を見てもらうことができます。架装メーカーや加工会社の作業現場を見て、新規参入を検討してもらうこともできます。架装メーカーや加工会社にとっては新規参入は競合相手になりますが、彼らも同業他社が増えて業界全体として生産力を高めたいと思っていますので、喜んで協力してくれるはずです。

私たちの取り組みとしては、10年ほど前から将来的な人手不足対策として北海道内外の企業に声をかけています。私たちは北海道の会社と協業していますが、トレーニングセンターは本州にあり、競馬場も全国にあるため、北海道内の会社にこだわる必要はありません。そう考えてアプローチする地域を広げてきました。その中には興味を持ってくれた企業もありました。しかし、実際に参入する企業は今のところほとんどありません。興味を持ってもらうことは多いのですが、経験がない、自信がない、人手が足りていないといった理由で断られてしまうのです。

参入障壁を低くする支援が必要

馬房に関しては、技術的な障壁があります。例えば、馬房は馬の体重を支えながら長距離走行するための耐久性が求められます。重さや走行時の揺れなどを分散させる構造にするのが難しく、その技術がないとボディにねじれや亀裂が起きることがあります。その対策が技術的に難しく、架装メーカーが躊躇してしまいます。

また、馬運車はフルオーダーやそれに近い形でつくるため、つくり置きができず、部品などの大量発注やストックができないといった事業モデルの問題もあります。技術的な課題を乗り越えられても、生き物を乗せるため、何かあったときのリスクが負えないという理由で二の足を踏むケースもあります。

一緒に競馬を支えていくという点では、技術力があればよいというわけでもありません。馬運車製作はチームワークが重要で、お互いにwin-winの関係をつくり、成長し続けていくことが大事です。そのため、自分の利益ばかりを追求する会社では協力関係を築けません。

また、チームワークという点では、馬房、加工、修理やメンテナンスといったそれぞれの会社が分業し、専門技術を高めることによって良い馬運車ができます。そのため、技術の習得や向上の意欲を持っている会社が理想です。スピード感ある対応も重要です。

このような条件まで含めると、新規参入は非常にハードルが高いといえます。ハードルが高いからこそ、現状として協力会社が数社しかないのです。

技術的な課題は、例えば、ゆがみにくい馬房のつくり方などを教えることで新規参入を促せるかもしれません。私たちの取り組みでも、直近では馬房の電気工事を担う新しい会社を見つけ、知識やノウハウの習得を支援することで協力会社として活躍してもらえるようになりました。

また、技術力がある一方、新たな業務を担う人手が足りないのであれば、私たちの採用ノウハウを伝えることなどによって協力できる体制づくりを支援することができるかもしれません。そのような施策も考えながら新たな企業にアプローチし、仲間にしていくことが大きな課題なのです。

後継者探しと技術の承継が急務

馬運車製作を手掛ける会社の中には、事業承継の課題を抱えている会社もあります。協力会社は、トラックメーカーを除けばほとんど中小企業です。私たちの協力会社は、比較的社長の年齢層が若いため、次の世代に向けて一緒に時代をつくっていく、技術を承継していくといった意識が強いのですが、業界の中には、後継者が見つかっていない状態で経営者が高齢化している会社もあります。

日本の中小企業の実態を見ても、経営者の年齢は過去20年間で上がり続けています。２０２３年の調査では、中小企業の経営者の平均年齢は過去最高の62・33歳となり、後継者が決定している企業は10・５％、廃業を予定している企業は57・４％となっています（日本政策金融公庫「中小企業の事業承継に関するインターネット調査（2023年調査）」）。

そもそも馬運車製作ができる会社が少ない中で、既存の会社が廃業するのは業界にとって大きな痛手です。新規参入が難しければ企業数は減る一方ですので、後継者探しや事業承継対策に取り組むことや、次の世代の技術者や経営者の育成を推進していくことを業界全体として強く呼びかけていく必要があります。

そのためにも、若い世代が事業の担い手になりたいと思うように、馬運車製作や馬匹輸送の魅力をアピールしていくことも重要です。また、M&Aによる経営母体の交代や、外部から経営者を採用することなども視野に入れながら、既存の会社が持つ技術を守り、次の世代に受け継いでいく重要性も伝えていく必要があります。

目の前の課題としてはドライバーの増員が重要ですが、中長期的には経営者候補も必要で、この2つに求める素養は異なります。事業承継では一族経営や血縁関係がある人への事業譲渡にこだわるケースもありますが、従業員にとってより良い会社にしていくためには、能力がある人を登用するのが良いと思います。

その点を踏まえて、私たちの取り組みとしては、これから10年以内を目処に次の経営者候補を見つけたいと考えています。私は個人的に事業承継を将来的な問題として重視してきたため、社長に就任する前から事業承継に向けた取り組みや流れを考えてきました。

人は加齢とともに考え方が凝り固まっていきやすいため、会社や業界を変革していくという観点では長く経営者として居座るのは好ましくありません。理想は、発想が柔軟な若い人を候補にして、新しい意見を取り入れながら会社を成長させていく土台をつくることです。また、経営者の育成は時間がかかるため、少しでも早い時期に役職と権限を委譲するのが良いと思っています。

関係者全員で競馬を支える

社外の人たちや業界を巻き込みながら関係者全体で競馬を支えていく体制を構築していくことも今後の大きな課題です。競馬は一大エンターテインメントであるため、関わる人がたくさんいます。また、関係者それぞれの業種や職種はさまざまですが、競走馬として活躍する馬を増やし、競馬のサステナブルな発展を目指すという目的は共通しています。

その目的を達成するためには職種を超えた協業と連携が必要です。馬匹輸送の立場から見ると、これは3つのグループに分けて取り組んでいく必要があります。

1つ目は、馬匹輸送の関連会社との連携です。馬匹輸送は、私たちを含む運送会社と、馬運車の製作やメンテナンスを担当する会社が協業しながら行っています。競馬の未来を支えるためには、これらの関連会社がワンチームとなってパートナーシップを築き、馬匹輸送全体として輸送力を高めなければなりません。

1社でできないことを、馬匹輸送業界のパートナーシップで実現していくことが大事です。そのための心構えとして私がスタッフに伝えていることは、協力会社とは常に対等の立場であるということです。

馬運車製作を例にすると、私たちは発注者で、協力会社は受注者です。そこではお金の流れが生まれるため、一般的には代金を支払うほうが強く、受け取るほうが弱い立場になりがちです。

しかし、私はそのような関係性や立場の差をつくってはいけないと思っています。なぜなら、私たちには馬運車をつくる技術はなく、技術を持つ会社に協力してもらうことによって私たちの事業が成り立っているのが実態であるため、関係性は常に対等であると思うからです。つまり「お客様は神様」ではないということです。

そのため、私たちは協力会社に対して基本的に値下げ要求などは行いません。むしろ私たちの収益が伸びれば支払額を増やし、コスト増などによって値上げした場合も、増加分の一部を協力会社に積極的に還元していけるようにと考えています。

このような姿勢を徹底することで、私たちは協力会社とwin-winの関係性を構築しやすくなります。お互いが適正な利益を獲得し、継続的に成長していくことが業界として競馬を支えていくことに結びついていくのです。

地域との関係性に関しても同じことがいえます。私たちは競走馬の育成牧場が多い日高で事業をしています。私たちや私たちの協力会社が成長すれば、雇用の拡大や納税の点で地域への貢献になります。地域貢献は大事なことですが、それは企業として当然の活動ともいえます。なぜなら、私たちは日高の地の利を活かして事業をしているからです。その関係性もやはり対等です。業界や地域との連携では、そのような意識を持つことをスタッフに伝えています。対等な立場だから率直な意見も交換しやすくなり、それがつながりを強くするのです。

業種の壁を越えた連携が必要

2つ目は、牧場やトレーニングセンターの人たちとの連携です。馬匹輸送は、馬の積み降ろしで牧場や厩舎の人たちの協力を仰ぎ、輸送過程では獣医師などにも協力してもらいます。

今後、物流の2024年問題で従来の輸送スケジュールが実行できなくなれば、馬を送り出す牧場や、運んだ馬を引き取ってトレーニングする厩舎の人たちと調整しなければなりません。

私たち輸送の担当に事情があるように、牧場や厩舎にもそれぞれの立場があります。それらを考慮して最善の方法を導き出すためには、自分の事情だけを主張するのではなく、競馬を支えるための最善策をお互いの事情を理解したうえで導き出していく必要があります。そのためには連携と協力の意識が必要です。

現状はまだそのような話し合いをする機会はありません。しかし、今後は定期的な集まりの場を持つなどして、サステナブルな競馬の運営という共通の目的を共有しながら、一緒に最善策を考えていくことが重要になっていくと考えられます。

また、そのような話し合いの場は過去になかったため、今後は私たちが主体となって接点をつくりながら距離を縮め、協業の意識を醸成する機会をつくっていく必要があると考えています。業種をまたぐ連携の体制ができることで、物流の2024年問題の対策も1社で取り組むより幅が広くなるはずです。

現場視点の提案で競馬の発展に貢献

3つ目は、競馬の主体であるJRAや、地方競馬の主体である地方自治体との連携です。これらの組織は競馬の開催スケジュールを管理しています。また、私たち馬匹輸送や厩舎を含む関連会社のまとめ役でもあります。

競馬のさらなる普及と人気化という点で、JRAなどが果たしている役割は大きく、それは売得金の増加のデータなどでも証明されています。

一方で、今後はドライバー不足などに起因して従来どおりの競馬が馬匹輸送の点で難しくなる可能性があります。その点では、JRAが気づいていないリスクや、気づいていても対策できていないところがあるかもしれず、私たちがリスクの提言や解決策の提案によって貢献できることもあります。

例えば、現場の輸送力が法改正によってどれくらい低下するか、それが現状のレースにどのような影響を与えるかといったことは現場を知る私たちにしか提言できないことです。競馬運営の全体像を俯瞰して見ているＪＲＡには気づかないリスクを、現場視点で指摘したり、現地、現物、現場を知っている私たちだからこそ提供できたりする知見もあります。

現状、そのような提案をする場は少ないため、今後は私たちが積極的に機会をつくり、競馬をより魅力的にしていくための施策を共有していきたいと考えています。

おわりに

馬匹輸送に関わるドライバー、ドライバーを支えるバックオフィス、そして私たちの事業を支えてくれている協力会社の人たちは、異業種ではなかなか見ることができない高度な専門性を持つプロフェッショナルです。その存在は競馬という華やかな世界の陰に隠れることが多く、それはそれで「黒子」としての矜持がありつつも、書籍を通じてその勇姿を多くの人に周知したいと思ったことが本書を書こうと思ったきっかけです。

執筆依頼を受けたのは2023年の後半のことでした。私に与えられたテーマは競馬を支えるプロの仕事と矜持を描くことで、その目的は果たせたのではないかと思っています。

一方で、執筆期間中に「物流の2024年問題」をまたぎ、馬匹輸送を取り巻く環境が目まぐるしく変わりました。その変化を経営者として最前線で実感しながら、馬匹輸送の仕事をかっこ良く描くだけにとどまらず、馬匹輸送の今後や、競馬の未来といった大きな視点で、私たちが取り組まなければならない課題も本書に含めることとしました。

馬匹輸送は過去にない大きな過渡期を迎えています。私個人としても、社会の変化には常々アンテナを張ってきたつもりですが、物流の２０２４年問題のインパクトは想定以上に大きく、社長になってから最も難しい課題に直面している実感があります。

本編でも触れたとおり、働き方改革関連法の改正に伴って、２０２４年4月からドライバーの労働時間に上限が設けられました。これが「物流の２０２４年問題」の根源です。業界内では以前から対応策が検討され、私たちも輸送スケジュールの調整やドライバーの採用の強化などに力を入れ、着々と準備を進めてきました。その結果として、改正法の適用前に輸送体制の強化に向けて新たなドライバーを採用でき、人材の定着のためのベースアップも行い、とりあえずは4月以降の輸送もトラブルなく対応できる体制を構築しました。

ところが、実際に運用が始まると、需要過多で輸送のキャパシティがいきなり上限に達しました。22台のトラックと30人超のドライバーはフル稼働状態となり、新たな依頼は輸送を遅らせるか、断るかしなければならない状態になりました。

本稿を書いている現時点で、新規の依頼は希望する輸送日程から約2カ月遅れとなることを了承してもらったうえで引き受けています。簡単にいうと、9月に馬を運びたいという希望があっても、人とトラックの都合で最短で11月の輸送になるということです。

このペースでいくと、従来は毎年9月が輸送の繁忙期でしたが、ピーク時期が11月や12月（従来この時期は閑散期です）まで続きます。私は24歳で今の会社に入社し、以来、20年にわたって馬匹輸送に携わってきましたが、年末まで馬運車の稼働予定が埋まるのは初めてのことです。それだけ私たちが目の当たりにしている変化は大きく、激動の時代にいるのだと実感するのです。

物流の2024年問題は、まだ各社が最適な解決策を求めて試行錯誤している状態であり、中長期で運送業界に与える影響は未知数です。今後は人口減少による人手不足や、資源高などによるコストの上昇なども相まって、輸送に関する新たな課題が出てくることでしょう。言い方を変えると、物流の2024年問題は、2024年を皮切りに本格化していく物流業界の問題です。

最適解を導き出すためには、これからの変化を的確にとらえて、一歩先の変化を予測しながら柔軟に対応していかなければなりません。馬運車のドライバーに「柔らかい運転」が求められるように、馬匹輸送の経営には「柔らかい思考」が求められているのだと思います。

また、馬匹輸送の役割と自分たちにできることを追求しながら、私たちには守り続けていかなければならないものがあります。それは、競馬の魅力です。

今、この瞬間も、日本のどこかでは競走馬を乗せた馬運車が走っています。現役の競走馬は各競馬場のレースで多くの人を魅了し、デビューを目指す若い馬は、まもなく初レースに臨み、感動と興奮を生み出します。

私たちは、この素晴らしいエンターテインメントを支えるべく今後も業界一丸となって全国を走り続けます。競馬場を疾走する馬を見た際には、その勇姿を讃えるとともに、最高のパフォーマンスを支える馬匹輸送を想起していただけると幸いです。

白川 典人（しらかわ のりひと）

1980年生まれ、北海道静内町（現 新ひだか町）出身。

専門学校を卒業後、不動産関連会社の社長のかばん持ちをしながらさまざまな事業経営者等と交流。その経験から、両親はもとより現職従業員や歴代従業員たちが会社を支えてくれたからこそ今があることを実感し、2004年に父が経営する大江運送株式会社に入社。恩返しをしたいと強く思い、ドライバーとして現場経験を積む。専務取締役に就任したのちも経営と同時に現場での仕事も続け、2019年に代表取締役に就任、現在に至る。

本書についての
ご意見・ご感想はコチラ

バックステージの走者
競走馬を運ぶプロフェッショナルの使命

2024年11月29日　第1刷発行

著　者　　白川典人
発行人　　久保田貴幸

発行元　　株式会社 幻冬舎メディアコンサルティング
〒151-0051　東京都渋谷区千駄ヶ谷4-9-7
電話　03-5411-6440（編集）

発売元　　株式会社 幻冬舎
〒151-0051　東京都渋谷区千駄ヶ谷4-9-7
電話　03-5411-6222（営業）

印刷・製本　中央精版印刷株式会社
装　丁　　弓田和則
カバー写真　内藤律子

検印廃止

ISBN 978-4-344-92943-2 C0034
幻冬舎メディアコンサルティングＨＰ
https://www.gentosha-mc.com/